오늘부터 시작하는

1日1食
레시피

오늘부터 시작하는

1日1食
레시피

김은아 지음

위즈덤스타일

더 건강하게 더 풍요롭게, 잠시 비워두는 습관

지인의 추천으로 『1일1식(나구모 요시노리 著 위즈덤스타일 刊)』을 처음 접했을 때, 신선한 충격으로 다가왔어요. '하루 한 끼 식사만으로 일상생활을 유지하는 게 정말 가능할까?' 라는 호기심과 함께 '나도 한번 실천해볼까?' 하는 도전의식이 생기더라고요. 그때부터 제 생활습관과 가치관이 조금씩 바뀌기 시작했어요. 큰 변화는 아니지만, 무의식중에 가졌던 강박과 부담감을 내려놓으니 마음이 한결 편안해졌다고 할까요. 몸이 고된 직업을 가진 저는 늘 '끼니는 절대 거르면 안 된다'는 강박관념이 있었던 것 같아요.

아침에 음식을 먹으면 속이 늘 불편해서 어릴 적부터 어머니께서 챙겨주시는 아침밥도 마다하며 살았는데, 푸드스타일리스트 일을 시작하면서 건강을 위한다는 생각에 습관처럼 뭔가를 계속 챙겨 먹게 되었어요. 때때로 속이 더부룩하고 체하기도 했지만 그럴 때면 단기간 굶어서 속을 비우거나 채식을 하며 속을 다스린 후 원래의 식생활로 돌아가는 것을 반복했죠. 과연 이렇게 하는 것이 옳을까 걱정이 되기도 했지만, '끼니를 거르면 안 된다'는 생각은 어느새 내 건강을 위한 최소한의 책임으로 각인되었던 것 같아요.

하지만 『1일1식』의 저자는 이 모든 의문에 대해 가장 간단하고 명쾌하게 답해주더군요. '과도한 섭취는 오히려 건강에 해롭다. 배가 고파서 꼬르륵 신호가 올 때 먹어라.'

이 단순하고도 1차원적인 방법. 이걸 왜 이제껏 생각하지 못했을까. 저는 적잖은 충격을 받았어요. 또, 공복의 시간을 즐기면 젊어진다는 부분은 의학적 근거를 바탕으로 설명해놓았는데 실제로 배에서 꼬르륵 소리가 날 때면 그 내용이 떠오르면서 자연스레 공복을 즐기게 되는 기이한 현상까지 나타났어요. 우스갯소리로 '당 떨어지면 까칠해진다'

고 말하는 저였는데 말이죠.

식단, 맛, 영양 고민 없이 실천하는 52일 공복 프로젝트

한 끼의 식사 외에 아무것도 먹지 말라거나 꼭 지켜야만 하는 철저한 룰이 있는 식사법이었다면 오히려 스트레스로 느껴져 실천하지 못했을 거예요. 간식 섭취와 적절한 식단 조절이 가능해서 부담 없이 시작해볼 수 있었어요. 오히려 하루에 한 끼밖에 먹지 못하는 식사를 최대한 만끽해야겠다고 다짐하며 메뉴 선정에 더욱 집중하니 식사시간이 기다려지고 삶의 활력이 되었어요.

저는 주로 점심과 저녁 중 한 끼를 제대로 먹으려고 노력하고 있어요. 워낙 불규칙한 스케줄 속에 살다 보니 매일 정확히 지키지는 못하지만 4시~7시 사이에는 허기가 느껴져 식사를 하게 되더군요. 가끔 약속이 생겨서 하루 두 끼를 먹게 될 경우는 과식하지 않는 것을 스스로의 원칙으로 삼아요. 또 어느 날은 저녁 대신 점심으로 1식을 할 때도 있고요. 공복을 생활화하고, 완전식품을 먹고, 골든타임(밤 10시~새벽 2시) 수면을 지키는 것을 기본으로 삼되 내 라이프스타일에 맞게 나만의 룰을 정하면 실패할 확률이 적어지겠죠. 식단을 정해서 52일 동안 규칙적으로 실천하며 서서히 공복에 익숙해지는 건 어떨까요. 그럼 지금부터 제가 세웠던 '1일1식 실천 원칙 5가지'를 공개할게요.

첫째, 밥은 무조건 현미밥을 기본으로 준비해서 먹어요. 밥만 제대로 맛있게 먹어도 하루 종일 든든한 느낌이 들잖아요. 현미는 특히 쌀의 10배가 넘는 섬유소를 함유하고 있어 장운동을 도와 변비에도 좋고, 백미보다 영양이 풍부한 건강식이에요.

둘째, 월요일~목요일에는 국 하나, 반찬 하나, 즉 '1즙1채'로 식사해요. 제대로 된 국물요리와 반찬 하나만 있으면 여러 반찬 필요 없이 맛있고 거뜬하게 한 끼 식사를 해결할 수 있어요.

셋째, 생선과 해산물, 콩과 두부, 다양한 채소를 사용해서 영양을 충분히, 골고루 섭취할 수 있도록 해요. 채식 위주의 식단은 자칫 부담스러울 것 같아 수요일, 토요일에는 육류로 든든히 영양도 보충해요. 특히 금요일~일요일의 식단은 특별식으로 구성해 주말의 여유를 즐기며 맛도 영양도 충족할 수 있도록 구성했어요.

넷째, 국, 찌개, 조림 등에 물 대신 멸치다시마물을 사용해서 감칠맛을 살리고 된장, 간장, 고추장을 골고루 사용하되 기본 간은 세지 않도록 해요. 그리고 매일 요리해야 하니 구하기 쉬운 재료를 사용해서 재료 본연의 맛을 살리며 초간단, 초스피드로 조리하는 법을 제안해요.

다섯째, 배고플 때 부담 없이 먹을 수 있는 영양 간식을 만들어두세요. 작은 통에 담아 가지고 다니며 배고플 때면 언제든 조금씩 먹어도 좋아요. 주로 아침을 거르는 저는 점심이 되기 전 쿠키나 차, 과일 등을 조금 챙겨 먹는데, 공복에 음식을 먹으니 금세 포만감이 느껴져서 좋아요.

여유 있는 삶을 사는 가장 간단한 방법

1일1식 식생활은 제 삶에 몇 가지 변화를 가져다주었어요. 두 끼의 식사를 간단한 요기로 대신하다 보니 그만큼의 시간적 여유가 생겨서 일만으로도 벅찼던 하루에 조금의 휴식 시간이 생겼어요. 하루 세 끼, 일주일 분량의 식재료를 냉장고에 채워놓지 않아도 되니 그만큼 소비도 줄어들었고요. 그리고 무엇보다 먹는 양이 줄어들다 보니 자연스레 다이어트 효과가 나타났고 더불어 피부가 좋아졌다는 이야기를 많이 듣게 되었어요.

신랑과 제가 1일1식을 실천해보며 좋았던 느낌을 지인들에게 이야기하다 보니 다들 한 끼의 식사를 어떻게 먹어야 할지 메뉴 선정과 레시피가 고민이라는 의견이 많았어요. 오늘부터 당장 시작해보고 싶지만, 52일 동안의 프로젝트를 완수하려면 막막하다고요. 특별할 것 없이 평소 집에서 먹던 국과 반찬으로 식단을 꾸리고 주말에는 조금 특별한 식사를 하면 좋다고 제안했더니 구체적인 메뉴를 공개하라고 성화더군요. 그래서 제가 평소에 먹던 국과 찌개, 반찬들과 몇 가지 특별식 레시피를 함께 엮어 정리해보았어요. 그 내용을 책에 담아 출간하게 되는 기회가 운 좋게 찾아왔고요.

이 책의 내용은 보통의 가정에서 일상적으로 차려 먹는 소소한 한국 가정식 식단이 대부분이에요. 52일 동안 어떻게 실천해야 할지 고민하고 망설이는 분들께 조금이나마 도움이 됐으면 하는 바람이며, 1일1식으로 여러분의 삶에도 조금의 휴식과 여유가 생기길

응원하는 마음이에요.

여유로운 걸음으로 출근하는 아침

책을 읽고 음악도 들으며 점심시간 즐기기

천천히 맛을 음미하며 식사하기

나른한 오후 낮잠도 자고

졸릴 때 밤 10시에도 맘 놓고 취침

먹고 싶은 건 꼭 챙겨 먹기

배부르면 느릿한 산책도 한번

하루 24시간 온전히 만끽하며 살아가기

기분 좋은 속도로 삶이 변하고 있어요.

1日1食

첫번째 주,

1일 시금치된장국
삼치유자조림

2일 모시조개된장찌개
시금치두부무침

024
3일 매콤감자국
닭안심메추리알조림

026
4일 고등어김치찜
감자캐슈넛조림

028
5일 특별식
장어덮밥

030
6일 특별식
떡갈비

7일 특별식
간고등어파스타

두번째 주,

036
8일 새우고추장찌개
조개관자마늘쫑볶음

038
9일 시래기무국
단호박고등어조림

10일 버섯감자탕
돼지목살허브구이

11일 바지락순두부찌개
조기구이

044
12일 특별식
나물된장비빔밥

046
13일 특별식
닭볶음탕

048
14일 특별식
채소말이생선까스

세번째 주,
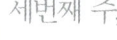

052
15일 버섯된장찌개
도미찜

054
16일 강된장과 상추
꽁치구이

056
17일 홍합미역국
소고기찹쌀전

18일 우렁된장찌개
고추장황태구이

060
19일 특별식
채소짜장밥

062
20일 특별식
버섯된장전골

064
21일 특별식
콩나물새우찜

네번째 주,

068
22일 배추된장국
병어무조림

070
23일 동태찌개
감자전

072
24일 두부된장찌개
인삼닭봉조림

074
25일 황태김치찌개
채소달걀말이

076
26일 특별식
연어스테이크

078
27일 특별식
찜닭

080
28일 특별식
버섯탕수

다섯번째 주,

084
29일 호박된장찌개
쭈꾸미볶음

086
30일 콩나물김치국
삼치구이

088
31일 시래기된장국
된장수육

090
32일 꽁치김치찌개
두부날치알찜

092
33일 특별식
굴현미리조또

094
34일 특별식
삼계탕

096
35일 특별식
바지락연포탕

여섯번째 주,

100
36일 순두부굴탕
가지무침

102
37일 아욱된장국
고갈비구이

104
38일 꽃게된장국
버섯불고기

106
39일 명란젓콩비지찌개
가자미구이

108
40일 특별식
새우김치볶음밥

110
41일 특별식
닭가슴살가지그라탕

112
42일 특별식
전복죽

일곱번째 주,

116
43일 새우매운탕
취나물겉절이

118
44일 명란젓달걀국
청포묵무침

120
45일 소고기무국
샐러리해파리냉채

122
46일 청국장찌개
고등어생강구이

124
47일 특별식
단호박해물떡볶음

126
48일 특별식
애호박오리주물럭

128
49일 특별식
속을 채운 통오징어

마지막 주,

132
50일 닭가슴살버섯육개장
고사리된장무침

134
51일 새우젓두부찌개
매콤조기찜

136
52일 돼지고기김치찌개
미역초무침

1日1食 간식

단호박고구마찜

채소스틱과 콩가루쌈장

허브견과류구이

당근고구마비트구이

멸치아몬드구이

블루베리찰떡

콩가루쿠키

구운콩

통밀당근케이크

오트밀쿠키

검은깨미숫가루

블루베리요거트

우엉차

레몬절임차

리코타치즈만들기

리코타치즈샐러드

리코타치즈토르티야

리코타치즈샌드위치

리코타치즈티라미수

신선한 과일

레시피 소개

- 모든 요리는 1인분 기준이에요.
- 간식은 한 번에 만들기 쉬운 분량이에요.
- 계량 단위는 1컵=200ml=종이컵 1컵, 1큰술=15ml=1.5밥숟가락, 1작은술=5ml=1/2밥숟가락 기준이에요.

멸치다시마물 만들기 일주일 사용량. 약 2L

READY 물 2.5L, 국물용 멸치 20마리, 다시마 10X10cm 크기로 2장 **RECIPE** 1 멸치는 내장을 제거하고 다시마는 마른 행주로 살짝 닦는다. 2 냄비에 멸치만 넣고 중불에서 타지 않도록 저어가며 볶는다. 3 물을 붓고 다시마를 넣어서 끓인다. 4 물이 끓으면 다시마는 건져내고 중불로 줄여서 5분 더 끓인다. 5 면보에 걸러내서 물만 물병에 담고 식혀서 냉장고에 보관한다.(일주일 보관 가능) *이 책에 사용된 멸치다시마물은 모두 물로 대체 가능하지만 멸치다시마물을 사용했을 때 음식이 더욱 맛있습니다.

밥짓기

1인분 기본 현미분량
100g = 종이컵으로 2/3컵 정도

냄비 밥짓기 순서(무쇠솥)

쌀 불리기 → (부재료 손질) → 냄비에 물과 함께 재료 넣기 → 강한 불로 끓이기(5분) →
중약불로 끓이기(8~10분) → 불 끄고 뜸들이기(5분) → 식기 전에 뒤적이기

현미찰밥

READY 현미찰쌀 100g, 물 2컵 RECIPE 1 현미찰쌀은 물에
2–3번 헹궈 8시간 이상 불린 뒤, 체에 밭쳐 물기를 뺀다. 2 냄
비에 불린 현미찰쌀과 물을 넣어 밥을 한다.

마현미밥

READY 현미멥쌀 100g , 물 2컵, 마 100g RECIPE 1 현미멥
쌀은 물에 2–3번 헹궈 8시간 이상 불린 뒤, 체에 밭쳐 물기를
뺀다. 2 마는 껍질을 제거한 후, 큼직하게 깍둑썰기 하여 찬
물에 담갔다가 물기를 뺀다. 3 냄비에 1과 2를 넣고 물을 넣어
밥을 한다.

다시마현미밥

READY 현미멥쌀 100g, 다시마 20g, 물 2컵 RECIPE 1 현미멥쌀
은 물에 2–3번 헹궈 8시간 이상 불린 뒤, 체에 밭쳐 물기를 뺀다.
2 다시마는 흰가루를 마른 천으로 닦아낸 후 3×3cm크기로 자
른다. 3 냄비에 1과 2를 넣고 물을 넣어 밥을 한다.

녹차현미밥

READY 현미멥쌀 100g, 물 2컵, 녹차가루 1/2큰술 RECIPE 1
현미멥쌀은 물에 2–3번 헹궈 8시간 이상 불린 뒤, 체에 밭쳐
물기를 뺀다. 2 따뜻한 물에 녹차가루를 넣고 잘 섞는다. 3 냄
비에 1과 2의 녹차 우린 물을 넣고 밥을 한다.

버섯현미밥

READY 현미멥쌀 100g, 물 2컵, 표고버섯 1개. RECIPE 1 현
미멥쌀은 물에 2–3번 헹궈 8시간 이상 불린 뒤, 체에 밭쳐 물
기를 뺀다. 2 표고버섯은 모양 대로 얇게 썬다. 3 냄비에 1과 2
을 넣고 물을 넣어 밥을 한다.

연근현미밥

READY 현미멥쌀 100g, 연근 100g, 물 2컵, 식초물 1컵(물1컵+
식초 1큰술) RECIPE 1 현미멥쌀은 물에 2–3번 헹궈 8시간 이
상 불린 뒤, 체에 밭쳐 물기를 뺀다. 2 연근은 껍질을 벗겨 얇

게 썬 뒤 식초물에 담갔다가 물기를 제거한다. 3 냄비에 1과 2
를 넣고 물을 넣어 밥을 한다.

콩나물현미밥

READY 현미멥쌀 90g, 콩나물 150g, 물 2컵 RECIPE 1 현미
멥쌀은 물에 2–3번 헹궈 8시간 이상 불린 뒤, 체에 밭쳐 물기
를 뺀다. 2 콩나물은 깨끗하게 씻어 꼬리부분만 뗀다. 3 냄비
에 1과 2를 넣고 물을 넣어 밥을 한다.
TIP 콩나물이 익으면서 수분이 나오기 때문에 뜸을 들이기
전에 뚜껑을 열어서 뒤적여서 수분을 날린 다음 다시 뚜껑을
닫아서 뜸을 들여주세요.

흑미밥

READY 흑미 20g, 멥쌀 80g, 물 2컵 RECIPE 1 멥쌀과 흑미
를 섞어 물에 2–3번 헹궈 3시간 이상 불린 뒤 체에 밭쳐 물
기를 뺀다. 2 냄비에 1을 넣고 물을 넣어 밥을 한다.

고구마현미밥

READY 현미멥쌀 90g, 고구마 1개, 물 2컵 RECIPE 1 현미멥
쌀은 물에 2–3번 헹궈 8시간 이상 불린 뒤 체에 밭쳐 물기를
뺀다. 2 고구마는 깨끗이 씻어 한 입 크기로 썬다. 3 냄비에 1
과 2를 넣고 물을 넣어 밥을 한다.

모듬콩밥

READY 현미멥쌀 90g, 검은콩 10g, 강낭콩 10g, 파란콩 10g,
물 2컵 RECIPE 1 현미와 콩은 물에 2–3번 헹궈 8시간 이상
불린 뒤, 체에 밭쳐 물기를 뺀다. 2 냄비에 현미와 콩, 물을 넣
어 밥을 한다.

1日1食

건강을 위해 하루에 한 끼만 먹기로 결심했다면 먼저 일주일 분량의 식단을 정해보세요.
매일 먹는 식사지만 다양한 음식을 먹으며 맛과 영양 모두 골고루 챙기는 것이 무엇보다 중요해요.
그리고 무심히 지나쳤던 일상생활 속 나쁜 습관들도 하나씩 고쳐보세요. 건강해지는 몸과 마음을 느낄 수 있어요.

첫번째 주,

첫째 주 국과 찬은 가벼운 재료와 메뉴로 구성해서
평소 식습관보다 양을 줄일 수 있도록 했어요. 처음엔 조금 부족한 듯
느껴지겠지만 첫 주만 잘 넘기면 다음은 쉬워져요. 식사의 양이 줄었다고
영양이 부족하면 안 되니 생선과 닭 안심, 두부로 단백질을 충분히
보충할 수 있도록 구성했어요. 주말엔 장어로 영양보충도 하고
고등어로 특별한 파스타도 만들어서 즐거운 식사시간을 가져요.

비타민A가 풍부한 시금치와 영양 만점 삼치를 추천합니다

시금치된장국
삼치유자조림

시금치된장국

READY 시금치 50g, 팽이버섯 조금, 멸치다시마물 2컵(400ml), 된장 1/2큰술, 고춧가루 1/2작은술, 다진 마늘 1/2작은술

1 시금치는 깨끗이 씻어 뿌리 부분은 제거하고 반으로 썬다. 팽이버섯 역시 뿌리 제거 후 반으로 썬다.
2 냄비에 멸치다시마물을 넣고 된장을 풀어 끓인다.
3 물이 끓으면 다진 마늘, 고춧가루, 시금치를 넣고 끓인다.
4 시금치의 숨이 죽으면 팽이버섯을 넣고 30초간 더 끓여 완성한다.

TIP 시금치 줄기 부분의 홈에 흙이 묻어 있으니 깨끗이 씻어주세요.

삼치유자조림

READY 삼치 1/2마리(250g), 홍고추 1개, 마늘 3쪽, 피망 1/2개, 녹말가루 1컵, 포도씨유 2큰술, 소금. 후추, 참깨 조금씩 조림장
유자청 2큰술, 간장 2.5큰술, 청주 2큰술, 물 2큰술.

1 삼치는 깨끗이 씻어 물기를 닦아낸 후 소금, 후추를 뿌린다.
2 피망은 굵게 채 썰고 마늘은 편으로 썰고 홍고추는 어슷 썬다.
3 볼에 조림장 재료를 모두 넣고 잘 섞는다.
4 밑간해둔 삼치에 녹말가루를 골고루 묻히고 한 번 털어낸다.
5 달군 팬에 포도씨유를 두르고 앞뒤로 노릇하게 굽는다.
6 만들어둔 조림장과 피망, 마늘, 홍고추를 넣고 끓이다가 약불로 줄여서 윤기 나게 조린다.

TIP 녹말가루는 생선살이 부서지지 않도록 하고 양념장이 잘 스며들도록 해줘요. 하지만 너무 많으면 구울 때 녹말가루가 타기 쉽고
조림장이 탁해질 수 있으니 최대한 얇게 묻혀주세요.

2日

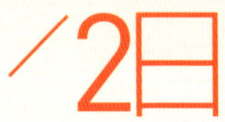

얼큰하고 시원한 모시조개된장찌개로 맛보는 온기 가득한 한 끼

모시조개된장찌개
시금치두부무침

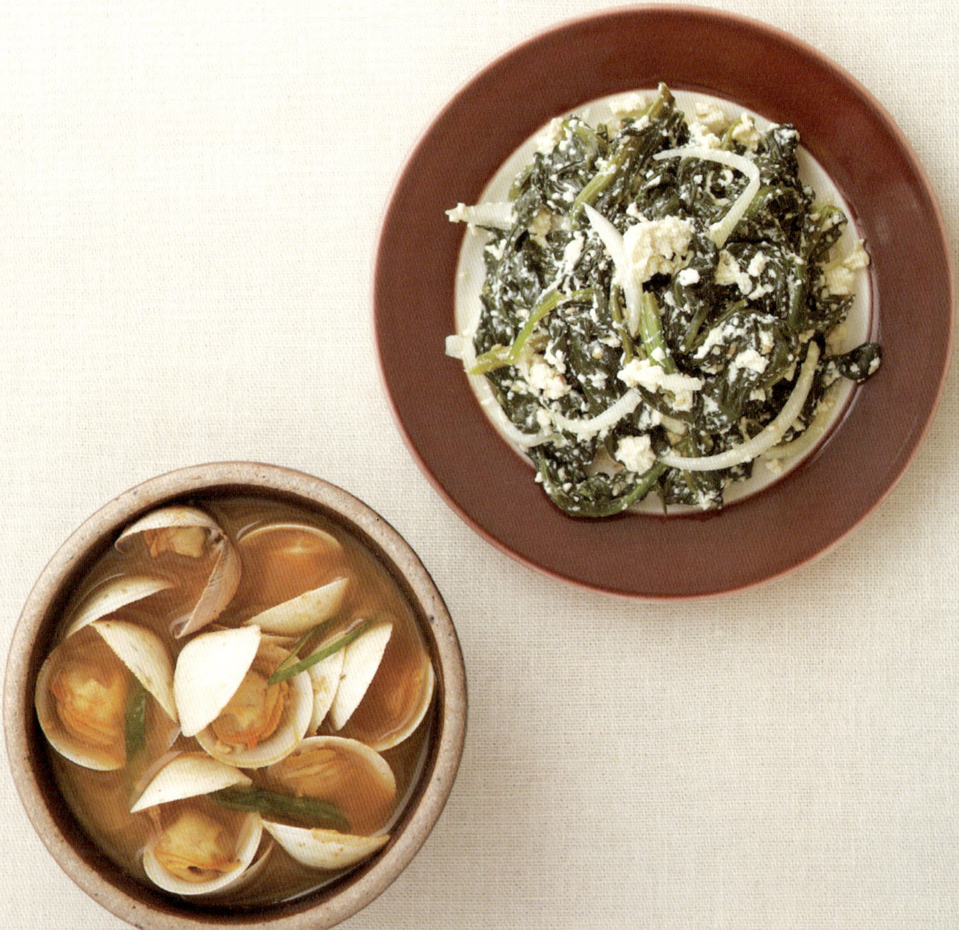

汁 모시조개된장찌개

READY 모시조개 15개, 양파 1/4개, 청양고추 1개, 멸치다시마물 2컵(400ml), 된장 2작은술, 고추장 1작은술, 국간장 1/2작은술, 소금 1/2큰술, 다진 마늘 1/2작은술

1 모시조개는 찬물에 담가서 소금 1/2큰술을 넣고 15분 정도 두어 해감한 뒤 깨끗이 씻어 물기를 뺀다.

2 양파는 굵게 다지고 청양고추는 어슷하게 썬다.

3 냄비에 멸치다시마물을 넣고 된장, 고추장을 풀어 끓이다가 물이 끓으면 해감해 둔 모시조개, 양파, 청양고추, 다진 마늘을 넣고 끓인다.

4 모시조개 입이 벌어지면 국간장을 넣어 간하고 완성한다.

TIP 조개가 잠길 만큼 찬물을 붓고 소금 1/2큰술 정도 넣어서 행주나 도마를 그 위에 올려 어둡게 해두면 더 빠르게 해감할 수 있어요.

菜 시금치두부무침

READY 시금치 1/2단(300g), 두부 1/4모(120g), 양파 1/4개, 소금 조금 양념 연겨자 1작은술, 식초 2큰술, 설탕 2작은술, 참기름 1큰술, 통깨 1작은술, 소금 1/2작은술

1 시금치는 깨끗이 씻어 뿌리를 제거하고 끓는 물에 소금을 조금 넣고 데쳐낸 후 찬물에 씻어 물기를 꼭 짠다.

2 양파는 가늘게 채 썰어 찬물에 10분간 담가 매운맛을 빼고 두부는 면보에 넣고 짜서 물기를 없앤다.

3 볼에 양념 재료를 모두 넣고 섞는다.

4 물에 담가둔 양파를 건져서 물기를 뺀다.

5 3에 시금치와 두부, 양파를 넣고 무쳐서 완성한다.

TIP 두부는 면보에 넣고 꼭 짜서 물기를 제거해 보슬보슬한 상태로 만들어주세요. 그래야 양념이 잘 배어들어서 맛있어요.

/3日

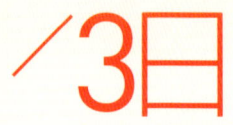

한입에 쏘옥 들어가는 작고 맛있는 메추리알로 요리해요

매콤감자국
닭안심메추리알조림

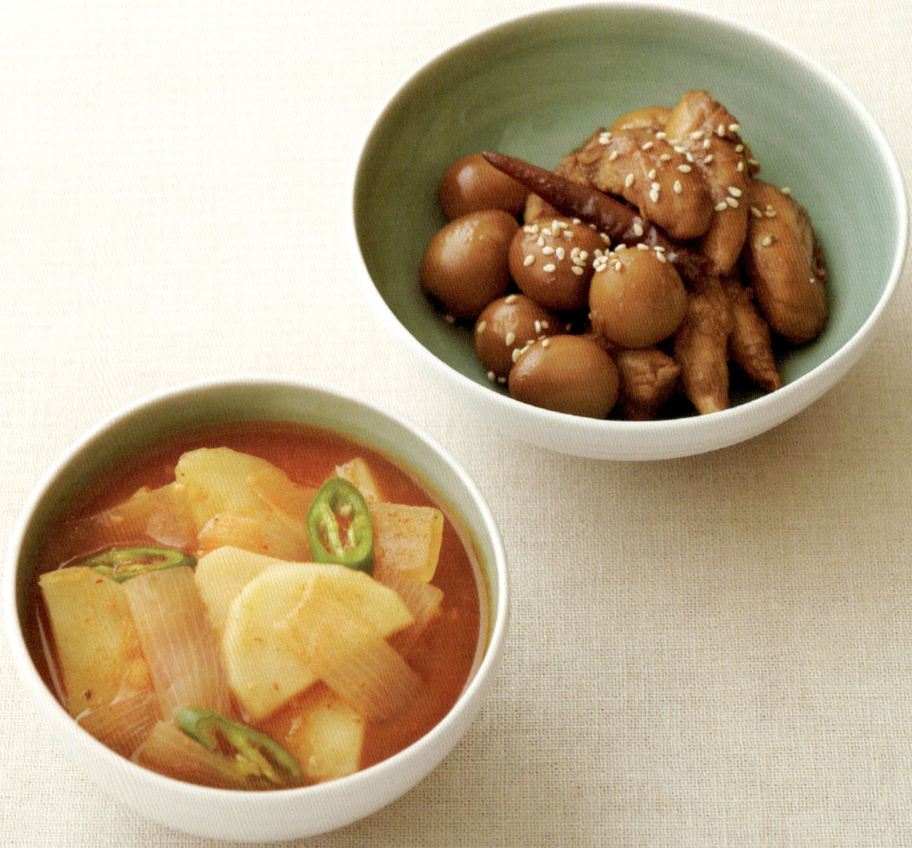

매콤감자국

READY 감자 1개, 양파 1/2개, 대파 1개, 고추장 1큰술, 고춧가루 1/2작은술, 다진 마늘 1/2작은술, 멸치다시마물 2컵(400㎖), 소금 조금

1 감자는 한 입 크기로 썰고 양파는 채 썰고 대파는 어슷썰기 한다.
2 냄비에 멸치다시마물을 넣고 1의 감자와 양파를 넣고 끓인다.
3 2에 고추장과 고춧가루를 넣고 끓이다가 다진 마늘과 소금을 넣어 간을 맞추고 끓인다.
4 3에 1의 대파를 넣고 살짝 끓여 완성한다.

TIP 감자를 너무 크게 썰면 익는 시간이 오래 걸려요. 편으로 얇게 썰면 조리시간도 줄일 수 있고 먹기에도 편해요.

닭안심메추리알조림

READY 닭안심살 150g, 메추리알 6개, 마늘 3쪽, 마른 고추 1개, 멸치다시마물 1컵(200㎖), 간장 2큰술, 설탕 1큰술, 청주 1큰술, 깨 1작은술

1 닭안심살은 깨끗이 씻고 메추리알은 끓는 물에 삶아 껍질을 벗기고 마늘은 편으로 썬다.
2 냄비에 멸치다시마물을 넣고 간장, 설탕, 청주를 넣은 다음 마른 고추와 마늘을 넣고 끓인다.
3 보글보글 끓으면 닭안심살과 메추리알을 넣고 5분간 끓이다가 약불로 줄여서 3분 더 끓이고 마지막으로 깨를 뿌려 완성한다..

TIP 닭안심 대신 닭가슴살을 썰어서 사용해도 좋아요.

4日

다이어트 식품인 감자와 뇌 건강에 좋은 견과류의 고소한 만남

고등어김치찜
감자캐슈넛조림

고등어김치찜

READY 고등어 토막 낸 것 1마리, 김치(묵은지) 1/4포기(400g), 무 1/4개(120g), 대파 1대, 청양고추 1개, 멸치다시마물 2.5컵(500ml)
양념 김치국물 1/2컵, 간장 1큰술, 설탕 1/2큰술, 청주 1큰술, 고춧가루 1작은술, 편생강, 후추 조금

1 고등어는 깨끗이 씻어 물기를 제거하고 무는 반달모양으로 1cm 두께로 썰고 청양고추와 대
  파는 어슷 썬다.
2 볼에 양념 재료를 모두 넣고 잘 섞는다.
3 냄비에 1의 무를 깔고 그 위에 고등어와 김치를 올리고 2의 양념장을 넣는다. 멸치다시마
  물을 부어 뚜껑을 덮고 30분간 끓인다.
4 무와 고등어가 익으면 약불로 줄이고 청양고추와 대파를 넣고 5분 더 끓여 완성한다.

TIP 묵은지 또는 신김치의 신맛이 너무 강하면 설탕을 조금 넣어 맛을 조절하세요.

감자캐슈넛조림

READY 감자 4개, 양파 1/4개, 캐슈넛 한줌(60g), 멸치다시마물 1컵, 간장 2.5큰술, 설탕 1.5큰술, 청주 1큰술, 다진 마늘 1/2작은
술, 통깨 조금

1 감자와 양파는 깨끗이 씻어 한 입 크기로 썬다.
2 냄비에 멸치다시마물과 감자를 넣고 간장, 설탕, 청주, 다진 마늘을 넣고 끓인다.
3 감자가 익으면 양파, 캐슈넛을 넣고 약불에서 윤기 나게 졸인다.
4 통깨를 뿌려 완성한다.

TIP 캐슈넛 대신 호두나 아몬드 등 다른 건과류를 사용해도 좋아요.

한 끼 식사에도 힘이 불끈

장어덮밥

食

READY 민물장어 1/2마리, 청주 1큰술, 소금, 후추 조금씩, 생강 20g, 대파 조금, 현미밥 1공기 **소스** 진간장 4큰술, 청주 5큰술, 맛술 2큰술, 설탕 2큰술, 멸치다시마물 1/2컵(100ml)

1 손질된 장어살에 소금, 후추, 청주를 뿌려둔다.

2 생강과 대파는 가늘게 채 썰어 찬물에 10분간 담갔다가 빼서 물기를 제거한다.

3 소스 재료를 냄비에 넣고 끓여서 반으로 졸인다.

4 달군 팬에 장어를 올리고 앞뒤로 노릇하게 굽는다.

5 구운 장어에 3의 소스를 발라 굽는다.(2번 반복)

6 그릇에 밥을 담고 구운 장어를 올린 후, 남은 소스를 1큰술 뿌리고 채 썰어둔 생강과 대파를 함께 곁들인다.

TIP 장어에 소스를 바르기 전에 먼저 한 번 구우면 소스가 타지 않고 잘 구워져요.

SPECIAL NUTRITION TIP

장어덮밥 뱀장어는 불포화지방산이 많이 함유되어 원기회복에 좋아요. 또, 비타민E가 풍부해 체내의 산화작용을 억제해서 피부결을 곱게 하고 주름을 예방해줘요.

힘찬 내일을 위한 영양 보충식

떡갈비

READY 다진 쇠고기 250g 떡볶이떡 8개, 참깨 조금, 간장 1작은술, 참기름 1/2큰술, 포토씨유 1큰술 **양념** 간장 2큰술, 설탕 1작은술, 참기름 1/2큰술, 청주 1큰술, 다진 마늘 1작은술, 참깨 1작은술, 소금, 후추 조금씩

1 다진 쇠고기는 핏물을 제거한다.

2 떡볶이떡은 끓는 물에 살짝 데쳐내서 간장 1작은술, 참기름 1/2큰술을 넣고 버무려 둔다.

3 볼에 양념 재료를 모두 넣고 잘 섞는다.

4 다진 쇠고기에 양념 재료를 넣어 잘 섞고 치대서 2의 떡을 가운데 부분에 넣고 동그랗게 모양을 만든다.

5 달군 팬에 포도씨유를 두르고 모양을 잡은 떡갈비를 앞뒤로 노릇하게 구운 뒤 참깨를 뿌려 완성한다.

TIP 양파와 무를 갈아서 양념에 넣고 소고기를 많이 치대면 더욱 부드러운 떡갈비를 만들 수 있어요.

SPECIAL NUTRITION TIP

떡갈비 양질의 단백질 공급원인 소고기는 필수영양소를 골고루 가지고 있을 뿐만 아니라 철분도 풍부하게 들어 있어요. 다만 콜레스테롤이 걱정될 때는 참기름을 넣고 조리해보세요. 맛과 영양면에서 조화를 이룰 뿐만 아니라 콜레스테롤이 혈관에 침착하는 것을 막아줘요.

식탁 위 슈퍼피시 고등어와 파스타의 환상 궁합

간고등어파스타

食

READY 간고등어 1/2마리(150g), 파스타(파르팔레) 100g, 양파 1/4개, 케이퍼 8알, 올리브유 2큰술, 고추기름 1큰술, 다진 마늘 1큰술, 화이트와인 1큰술, 간장 1큰술, 후추, 소금 조금

1 냄비에 끓는 물 1L, 소금 1큰술, 올리브유 1큰술을 넣고 끓이다가 팔팔 끓으면 파스타를 넣고 삶는다.(파스타 봉지에 표시된 시간 만큼)

2 파스타가 익으면 체에 건져두고 양파는 채 썬다.

3 팬에 간고등어를 올리고 굽다가 한 면이 익으면 뒤집어서 화이트와인을 뿌려서 노릇하게 구운 뒤 살만 발라 준비한다.

4 팬에 올리브유와 고추기름을 두르고, 다진 마늘, 양파를 넣고 볶다가 삶아둔 파스타와 케이퍼, 간고등어살을 넣고 간장과 후추로 간하여 볶아 완성한다.

TIP 생고등어를 사용할 경우에는 고등어살에 소금, 후추를 뿌려서 10분간 두었다가 사용하세요.

SPECIAL NUTRITION TIP

간고등어파스타 '바다의 보리'라는 별명을 가진 고등어는 단백질과 지질이 풍부한 생선이에요. 고도의 불포화지방산인 EPA가 어류 중 가장 많이 들어 있어서 성인병 예방에 도움이 돼요. 고등어의 껍질, 특히 꼬리부분의 껍질과 살에는 비타민B2가 많으므로 피부미인이 되고 싶다면 껍질째 먹는 것이 좋아요.

두번째주,

지글지글 고기를 구워 먹고 싶을 땐
구우면서 먹기보다는 구워서 접시에 담아 먹어요. 그러면 적당량만
먹을 수 있어서 좋아요. 허브를 뿌려서 구우면 소금을 적게 뿌려도
맛있게 먹을 수 있어요. 생선은 찹쌀가루나 밀가루를 입혀서
튀기듯이 구우면 꼬리 부분까지 바삭하게 익어서
껍질과 꼬리까지 맛있게 먹을 수 있어요.

/8日

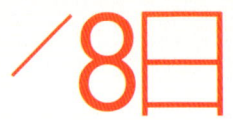

매콤한 찌개와 쫄깃한 관자에서 바다 내음이 흠뻑

새우고추장찌개
조개관자마늘쫑볶음

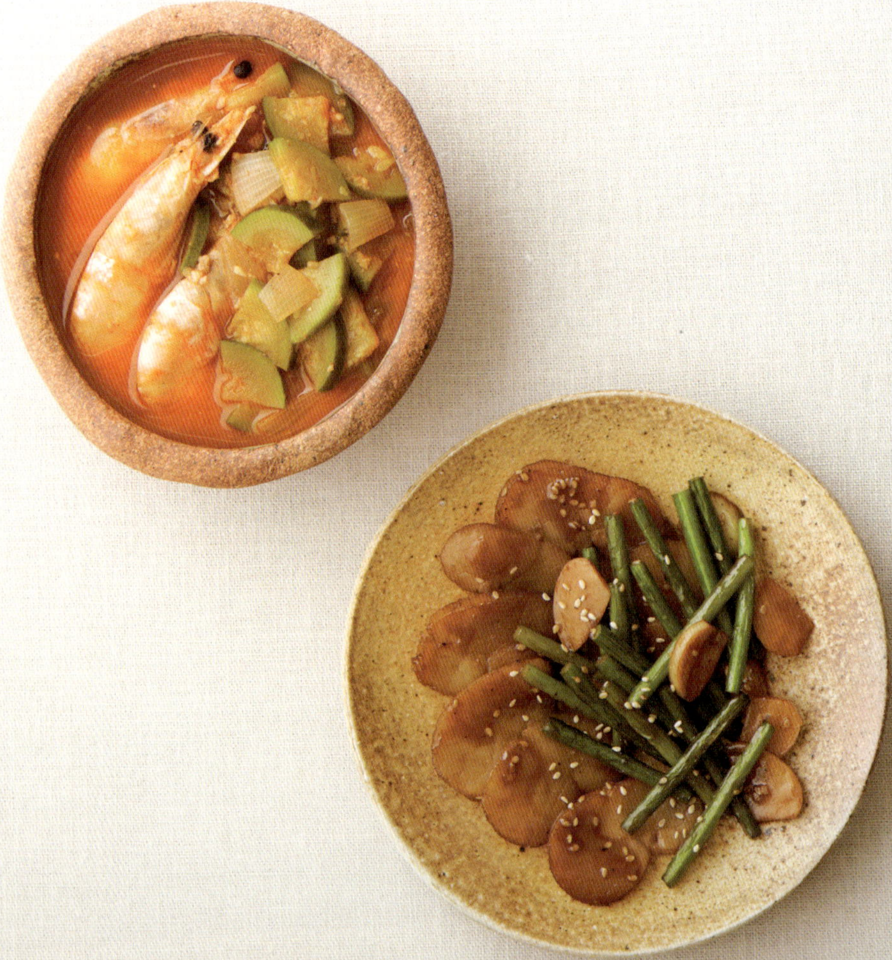

汁 새우고추장찌개

READY 새우(중하) 3마리, 양파 1/4개, 애호박 1/3개(100g), 멸치다시마물 2컵(400ml), 고추장 1큰술, 된장 1작은술, 다진 마늘 1작은술, 소금 조금

1 새우는 깨끗이 씻고 양파, 애호박은 한 입 크기로 썬다.

2 냄비에 멸치다시마물을 넣고 고추장과 된장을 풀어 끓인다.

3 물이 끓으면 새우, 양파, 애호박, 다진 마늘을 넣고 끓인다.

4 새우와 채소가 익으면 소금을 조금 넣고 완성한다.

TIP 새우를 통째로 넣고 끓이면 맛있는 국물이 우러나서 좋지만 먹기에 불편하면 머리와 껍질을 벗겨내고 끓일 때만 머리 부분을 넣었다가 나중에 건져내면 돼요.

菜 조개관자마늘쫑볶음

READY 마늘쫑 60g, 조개관자 2개, 마늘 2쪽, 포도씨유 1큰술, **양념** 간장 1큰술, 청주 1작은술, 설탕 1작은술, 참깨 1작은술

1 마늘쫑은 4cm 길이로 썰고 조개관자는 얇게 저미고 마늘은 편으로 썬다.

2 볼에 양념장 재료를 모두 넣고 섞는다.

3 팬에 포도씨유를 두르고 조개관자와 마늘쫑을 넣고 볶는다.

4 조개관자가 익으면 섞어둔 양념 재료를 모두 넣고 볶아 완성한다.

TIP 조개관자는 너무 오래 볶으면 질겨지니 관자가 익으면 바로 양념 재료를 넣어서 볶아주세요.

구수한 국과 달콤한 조림 반찬만 있어도 밥 한 그릇이 뚝딱

시래기무국
단호박고등어조림

시래기무국

汁

READY 불린 시래기 80g, 무 60g, 홍고추 1개, 멸치다시마물 3컵(600㎖), 된장 1큰술, 다진 마늘 1작은술

1 시래기는 한 입 크기로 썰고 무는 편으로 썰고 홍고추는 어슷 썬다.
2 냄비에 멸치다시마물을 넣고 된장을 풀어 끓이다가 끓기 시작하면 시래기와 무를 넣고 5분
  간 끓인다.
3 무가 익으면 다진 마늘과 홍고추를 넣어 1분간 더 끓여 완성한다.
TIP 말린 시래기를 구입한 경우에는 물에 1시간 이상 불렸다가 사용하세요.

단호박고등어조림

菜

READY 고등어 1마리(토막 낸 것), 단호박(소) 1/4개, 청고추 1개, 홍고추 1개, 양파 1/2개, 멸치다시마물 1컵(200㎖) 조림장 된장 2
  큰술, 고춧가루 1/2큰술, 청주 3큰술, 참기름 1큰술, 다진 마늘 1큰술, 후추 조금

1 단호박은 씨를 빼서 반달모양으로 썰고 양파는 채 썰고, 고추는 어슷 썬다.
2 고등어는 깨끗이 씻어 물기를 뺀다.
3 볼에 조림장 재료를 모두 넣고 잘 섞는다.
4 냄비 바닥에 단호박을 깔고 그 위에 양파, 고등어, 조림장을 올린 뒤 멸치다시마물을 넣고
  끓인다.
5 끓기 시작하면 약불로 줄이고 윤기가 날 때까지 10분간 끓여 완성한다.
TIP 조림장을 고등어 위에 뿌리면서 조리면 양념이 골고루 배어서 더욱 맛있어요.

노릇노릇 구워진 고기는 입맛을 돋아줘요

버섯감자탕
돼지목살허브구이

버섯감자탕

READY 감자 2개, 양파 1/4개, 새송이버섯 1개, 표고버섯 2개, 불린 참나물 300g 대파 1/2대, 멸치다시마물 5컵(1L) 양념장 고추장 1큰술, 된장 1작은술, 들깨가루 1작은술, 고춧가루 1작은술, 국간장 2작은술, 다진 마늘 2작은술

1 감자와 양파, 표고버섯, 새송이버섯은 한 입 크기로 썰고, 대파는 어슷 썰고, 불린 참나물은 4cm 크기로 썬다.

2 볼에 양념장 재료를 모두 넣고 섞는다..

3 냄비에 멸치다시마물을 넣고 감자, 양파, 새송이버섯, 불린 참나물을 넣고 끓인다.

4 보글보글 끓으면 양념장과 대파를 넣고 10분 더 끓여 완성한다.

TIP 말린 참나물은 물에 담가 1시간 동안 불려서 사용하세요. 참나물이 없다면 말린 시래기를 대신 사용해도 좋아요.

돼지목살허브구이

READY 돼지 목살 2장, 로즈마리 1작은술, 올리브유 2큰술, 소금, 후추 조금씩

1 돼지 목살은 핏물을 제거하고 로즈마리는 굵게 다진다.(드라이 로즈마리의 경우 그냥 사용)

2 1의 목살에 소금, 후추로 밑간하고 로즈마리와 올리브유를 뿌려서 30분간 냉장고에 둔다.

3 달군 팬에 2를 노릇하게 구워 완성한다.

TIP 허브와 올리브유를 고기에 골고루 발라 재워두면 육질이 부드러워지고 구울 때 돼지고기의 기름이 많이 빠져 나와서 좋아요.

조기구이의 하얀 속살이 부드럽고 고소해 밥도둑이 되었네요

바지락순두부찌개
조기구이

바지락순두부찌개

READY 순두부 1봉, 바지락 15개, 칵테일새우 5개, 양파 1/3개, 홍고추 1/2개, 풋고추 1/2개, 대파 1/3대, 멸치다시마물 2컵
(400㎖), 고춧가루 1/3작은술, 고추기름 1큰술, 새우젓 1/2큰술, 참기름 1작은술, 다진 마늘 1/2큰술

1 바지락은 소금물에 해감하고 칵테일새우는 깨끗이 씻어둔다.

2 양파는 굵게 다지고, 고추, 대파는 어슷 썬다.

3 달군 냄비에 고추기름을 두르고 양파를 볶다가 칵테일새우와 바지락을 넣고 볶는다.

4 멸치다시마물을 붓고 끓이다가 보글보글 끓으면 새우젓, 다진 마늘, 순두부, 고추, 대파를
넣어 1분 더 끓인다..

TIP 새우젓은 건더기를 곱게 다져서 사용하면 더욱 좋아요.

조기구이

READY 조기 1마리, 찹쌀가루 1큰술, 튀김가루 1큰술, 소금 조금, 포도씨유 2큰술

1 조기를 깨끗이 씻어 비늘과 지느러미를 제거하고 소금을 뿌려 10분간 재운다.

2 조기의 물기를 제거한 후 찹쌀가루와 튀김가루 섞은 것을 묻힌다.

3 팬에 포도씨유를 두른 후 2를 넣고 튀기듯이 노릇하게 앞뒤로 굽는다.

TIP 찹쌀가루와 튀김가루는 둘 중에 한 가지만 사용해도 괜찮아요. 가루가 너무 많으면 탈 수 있으니 굽기 전에 한 번 털어주세요.

비빔밥으로 곡류, 채소류를 골고루 먹고 된장으로 소금 섭취를 줄여요

나물된장비빔밥

食

READY 무나물 무 100g, 들기름 1큰술, 물 1컵, 소금 조금 취나물 취나물 30g, 된장 1작은술, 들기름 1작은술, 다진 마늘 1작은술, 깨소금 호박나물 애호박 1/4개, 새우젓 1/2작은술, 다진 마늘 1/2작은술 비빔장 된장 1큰술, 다진 마늘 1/2작은술, 다진 청양고추 1/2작은술, 참기름 1작은술, 매실청 1/2작은술 현미밥 1공기

1 무는 곱게 채 썰어 소금을 뿌려 30분간 두었다가 물기 제거한 후 팬에 들기름을 두르고 볶다가 물과 소금을 넣고 익힌다

2 취나물은 물에 불려 끓는 물에 살짝 데친 후 된장, 들기름, 다진 마늘, 깨소금을 넣고 버무린다.

3 애호박을 반달모양으로 자른 후 팬에 넣고 새우젓과 다진 마늘을 넣어 볶는다.

4 볼에 비빔장 재료를 모두 넣고 잘 섞는다.

5 현미밥 위에 1.2.3의 나물을 모두 올리고 비빔장을 넣고 비벼 완성한다.

TIP 콩나물이나 시금치를 데쳐서 소금, 참기름 간만 해서 더 간단하게 만들 수도 있어요. 냉장고에 남은 재료를 사용해서 만들어 보세요.

SPECIAL NUTRITION TIP

나물된장비빔밥 무 껍질에는 속보다 비타민C가 더 많이 들어 있으므로 깨끗이 씻어서 껍질째 사용하는 것이 더 좋아요. 호박에 들어 있는 비타민A는 약해진 피부를 건강하게 해주는데 기름에 볶아 조리하면 흡수가 더욱 잘 돼요. 취나물을 데치면 섬유질이 연해지고 소화가 잘 돼요.

맛있게 매콤한 닭볶음탕으로 스트레스를 풀어요

닭볶음탕

READY 닭날개 10개, 양파 1/4개, 고구마 1개, 당근 1/2개, 홍고추 1개, 대파 1대, 포도씨유 1큰술, 멸치다시마물 2컵(400ml) **양념** 고추장 1.5큰술, 고춧가루 1작은술, 국간장 1/2큰술, 설탕 1/2큰술, 다진 마늘 1큰술, 청주 2큰술, 참깨 1작은술

1 우유에 닭날개를 30분간 담가두었다가 건져 씻어서 물기를 제거한다.

2 당근, 고구마, 양파는 깨끗이 씻어 한 입 크기로 썰고 대파와 홍고추는 어슷 썬다.

3 볼에 양념 재료를 모두 넣고 섞는다.

4 팬에 포도씨유를 두르고 당근, 고구마, 양파, 닭날개를 넣어 볶는다.

5 3의 양념과 멸치다시마물을 넣고 10분간 끓이다가 약불로 줄여 윤기나게 조려지면 대파와 고추를 넣고 30초간 더 끓여 완성한다.

TIP 닭고기를 우유에 재워두면 닭 특유의 냄새를 없앨 수 있어요.

SPECIAL NUTRITION TIP

닭볶음탕 닭의 날개 부분에는 콜라겐이 많이 들어 있어서 피부 미용에 좋을 뿐만 아니라 골다공증을 예방하는 데도 도움이 돼요. 칼로리가 걱정될 때는 끓는 물에 한 번 데쳐서 사용하면 껍질 부분의 기름을 어느 정도 제거할 수 있어요.

몸에 좋은 채소와 생선을 함께 먹으면 풍성한 맛을 느낄 수 있어요

채소말이생선까스

食

READY 민대구살 1마리분(300g), 피망 1/2개, 당근 1/3개, 밀가루 1/2컵, 달걀 1개, 빵가루 1컵, 튀김기름, 청주 1큰술, 간장 1큰술, 소금, 후추 조금씩 **매콤마요네즈** 마요네즈 3큰술, 식초 1작은술, 고추냉이 1작은술 **준비물** 꼬치

1 피망과 당근은 얇게 썰고 대구살은 물기를 제거한 후 간장, 청주, 소금, 후추를 뿌려 둔다.

2 대구살의 안쪽 면에 밀가루를 묻힌 후 1의 피망과 당근을 넣어 돌돌 말아 꼬치로 고정한다.

3 2에 밀가루→달걀물(달걀 1개 풀어서 소금 조금 넣은 것)→빵가루 순서로 튀김옷을 입힌다.

4 팬에 식용유을 넣어 180도가 되면(빵가루를 떨어뜨려 보았을 때 빵가루 주위에 기포가 생기면서 바글바글 끓으면) 3을 넣어 노릇하게 튀겨 완성한다.

5 매콤마요네즈 재료를 모두 섞어서 곁들인다.

TIP 살만 길게 포 떠서 손질되어 있는 흰살생선이면 대구, 동태, 도미 모두 가능해요. 꼬치로 고정한 채로 튀긴 다음 꼬치를 빼내고 썰어서 드세요.

SPECIAL NUTRITION TIP

채소말이생선까스 대구는 단백질이 풍부한 저지방 저칼로리 생선이에요. 비타민B군도 풍부하게 함유되어 있어서 피부나 손톱, 머리카락을 윤기나게 하는 데도 도움이 돼요. 워낙 담백한 맛이기 때문에 튀김으로 조리해도 느끼하지 않고 맛있어요.

세번째 주,

건강한 식단도 좋지만 맛있고 지루하지 않아야 즐거운 마음으로
식사를 즐길 수 있잖아요. 같은 된장국과 찌개라도 넣는 재료를 달리하면
그 맛을 다양하게 낼 수 있어요. 생선을 먹을 때도 굽고, 찌고,
양념해서 간단하지만 다채로운 맛을 느낄 수 있도록 했어요.

15日

단백질, 칼슘, 각종 비타민이 풍부한 도미는 피로회복에 좋아요

버섯된장찌개
도미찜

汁 버섯된장찌개

READY 표고버섯 1개, 맛타리버섯 30g, 두부 1/4모(100g), 청양고추 1개, 멸치다시마물 2컵(400ml), 된장 1.5큰술, 다진 마늘 1/2작은술.

1 표고버섯은 기둥을 제거하고 한 입 크기로 썰고 맛타리버섯은 하나씩 손으로 찢는다.
2 두부는 깍뚝 썰고 청양고추는 송송 썬다.
3 냄비에 멸치다시마물을 넣고 된장을 풀어 끓인다.
4 물이 끓으면 버섯, 두부, 청양고추, 다진 마늘을 넣고 끓여 완성한다.

TIP 표고버섯의 기둥은 모아 두었다가 멸치다시마물을 만들 때 함께 넣고 끓이면 감칠맛 나는 국물을 낼 수 있어요.

菜 도미찜

READY 도미 1마리, 대파 1대, 마늘 4쪽, 소금 1작은술 **곁들임 양념** 간장 1큰술, 설탕 1작은술, 연겨자 1/2작은술, 통깨 1작은술, 고춧가루 1/2작은술

1 내장을 제거한 도미는 비늘을 벗겨 깨끗이 씻고 물기를 닦은 다음 소금을 뿌린다.
2 대파는 5cm 길이로 썰고, 마늘은 편으로 썬다.
3 김이 오른 찜통에 대파를 깔고 도미를 올린 뒤 마늘편을 올려 뚜껑을 닫고 20분 동안 찐다.

TIP 도미의 비늘은 칼등을 사용해서 꼬리에서 머리쪽으로 긁어내리면 쉽게 제거할 수 있어요.

16日

영양덩어리 꽁치는 오메가3 지방산이 풍부해 뇌에 좋은 음식이에요

강된장과 상추
꽁치구이

汁 강된장과 상추

READY 표고버섯 1개, 감자 1개, 양파 1/4개, 두부 1/4모(100g), 멸치다시마물 1.5컵(300ml), 된장 1.5큰술, 고추장 1큰술, 다진 마늘 1작은술, 다진 파 1큰술

1 상추는 깨끗이 씻어 물기를 뺀다.
2 표고버섯은 기둥을 제거하고 작게 다지고 두부, 감자, 양파도 같은 크기로 다진다.
3 냄비에 멸치다시마물을 넣고 된장과 고추장을 풀어 끓인다.
4 물이 끓으면 버섯, 두부, 감자, 양파, 다진 마늘, 다진 파를 넣고 중~약불에서 8분간 더 끓여 완성한다.

TIP 중불에서 5분간 끓이다가 감자가 익으면 약불로 줄여서 3분 정도 더 국물이 자작하게 끓여주세요.

菜 꽁치구이

READY 꽁치 1마리, 소금 1/2작은술, 청주 1큰술, 올리브유 1큰술, 후추 조금

1 내장을 제거한 꽁치는 깨끗이 씻어 칼집을 내고 청주와 소금, 후추를 뿌려 30분간 둔다.
2 팬에 올리브유를 두르고 꽁치를 넣고 앞뒤로 노릇하게 굽는다.

TIP 꽁치를 구울 때 프라이팬에 쿠킹호일을 씌우면 기름이 튀지 않고 속까지 빠르게 잘 익어요.

기력을 보충해주는 홍합과 소고기로 영양 가득한 한 끼 식사를 즐겨요

홍합미역국
소고기찹쌀전

홍합미역국

READY 마른 미역 5g, 홍합 200g, 청양고추 1개, 물 3컵(600ml), 국간장 1/2작은술, 소금 조금

1 청양고추는 송송 썰고 미역은 미지근한 물에 30분간 담가서 불려둔다.

2 깨끗이 손질한 홍합을 끓는 물에 넣고 삶아 체에 걸러 홍합살과 국물을 분리한다.

3 냄비에 불려 놓은 미역을 넣고 2의 홍합물을 붓고 강한 불에서 끓이다가 보글보글 끓으면
중불로 줄여서 15분간 더 끓인다.

4 청양고추와 홍합살을 넣고 국간장과 소금으로 간하여 완성한다.

TIP 홍합을 미리 삶아서 물을 체에 한 번 걸러주면 홍합 껍질과 안에서 나오는 이물질을 제거할 수 있어서 깨끗한 국물을 만들 수 있
어요. 미역이 부드러워질 때까지 충분히 끓여야 맛있는 미역국을 만들 수 있어요.

소고기찹쌀전

READY 샤브샤브용 소고기 150g, 올리브유 2큰술, 소금, 후추 조금씩 밑간 양념 간장 2큰술, 참기름 1큰술, 청주 1큰술, 찹쌀
가루 7큰술, 호두 5큰술

1 호두는 잘게 다진다.

2 참기름에 간장과 청주를 넣고 잘 섞는다.

3 소고기는 키친타올로 핏물을 제거하고, 소금, 후추를 뿌리고 2의 양념을 앞뒤로 펴 발라 30분
동안 재운다.

4 찹쌀가루와 다진 호두를 골고루 섞어서 재워둔 소고기에 앞뒤로 골고루 묻힌다.

5 달군 팬에 올리브유를 둘러 앞뒤로 노릇하게 굽는다.

TIP 호두 대신 아몬드나 호박씨를 사용해도 좋아요. 고기가 너무 두꺼우면 고기가 익기 전에 찹쌀가루가 탈 수 있으니 얇은 샤브샤
브용 고기를 사용하세요.

비타민B1이 풍부한 우렁이와 고단백 저지방 황태로 건강을 챙겨요

우렁된장찌개
고추장황태구이

우렁된장찌개

READY 우렁 1/2컵(130g), 애호박 1/3개(80g), 양파 1/4개, 대파 1/4대, 청, 홍고추 1/2개씩, 멸치다시마물 2컵(400ml), 청주 1큰술 **양념** 된장 1.5큰술, 고춧가루 1/2작은술, 다진 마늘 1/2작은술

1 우렁은 끓는 물에 청주 1큰술을 넣고 데쳐서 살만 발라 준비한다.
2 애호박은 반달썰기하고, 양파는 굵게 다지고, 대파와 고추는 어슷 썬다.
3 냄비에 멸치다시마물을 끓이다가 된장을 풀고, 다진 마늘, 고춧가루, 애호박, 양파를 넣고 호박이 익을 때까지 끓인다.
4 3에 우렁, 대파, 청, 홍고추를 넣고 한소끔 더 끓여 완성한다.

TIP 데친 우렁을 구입해서 사용하면 더 쉬워요.

고추장황태구이

READY 황태 1마리, 찹쌀가루 2큰술, 올리브유 3큰술, 쪽파 조금 **밑간** 간장 1작은술, 청주 1큰술, 참기름 1작은술 **양념** 고추장 2큰술, 고춧가루 1/2작은술, 다진 마늘 1작은술, 물엿 1큰술, 참기름 1/2큰술, 깨소금 1작은술

1 황태는 물을 뿌려서 30분간 두어 불렸다가 키친타월로 물기를 제거하고 3~4cm너비로 자른다.
2 밑간 재료를 모두 섞어 손질한 황태에 바르고 10분간 재워둔다.
3 볼에 양념 재료를 모두 넣고 잘 섞는다.
4 재워둔 황태에 찹쌀가루를 묻혀서 달군 팬에 올리브유를 두르고 노릇하게 굽는다.
5 섞어둔 양념을 구운 황태에 앞뒤로 발라서 약불에서 한 번 더 구워 완성한다.

TIP 황태를 물에 담가서 불리면 황태의 맛이 빠져나가고 너무 흐물흐물한 상태가 될 수 있으니 황태 위에 물을 뿌려서 불려주세요.

맛있는 한 끼 식사만큼 스트레스에 좋은 게 없어요

채소짜장밥

食 **READY** 감자 1개, 당근 1/4개, 피망 1/2개, 새송이버섯 1개, 양파 1/4개, 마늘 2쪽, 오이 조금, 멸치다시마물 2/3컵(150ml), 춘장 1.5 큰술, 포도씨유 2큰술, 설탕 1큰술, 녹말물 1.5큰술(녹말가루 1큰술, 물 1큰술)

1 감자와 당근은 껍질을 제거해서 새송이버섯과 함께 1.5cm 정사각형 크기로 썬다.

2 피망은 반으로 갈라 씨를 제거한 후 양파와 함께 굵게 다진다.

3 마늘은 편으로 썰고 오이는 곱게 채 썬다.

4 녹말가루에 물을 섞어 녹말물을 만들어둔다.

5 팬에 포도씨유 1큰술을 두르고 춘장을 넣어 약불에서 타지 않도록 볶다가 춘장과 기름이 잘 섞이고 구수한 향이 나기 시작하면 따로 덜어둔다.

6 팬에 포도씨유 1큰술을 두르고 마늘, 감자, 당근을 넣고 볶다가 나머지 채소와 볶아둔 춘장, 설탕을 넣고 고루 섞이도록 볶는다.

7 멸치다시마물을 넣고 감자와 당근이 익을 때까지 중불에서 끓인다.

8 채소가 익으면 끓고 있을 때 녹말물을 넣고 잘 섞어서 짜장소스를 완성한다.

9 밥 위에 소스를 얹고 채 썬 오이를 올린다.

TIP 춘장은 타지 않도록 약불에서 계속 저어주면서 은근히 볶아주세요.

SPECIAL NUTRITION TIP

채소짜장밥 채소 위주의 식습관은 피부를 맑게 하고 노폐물 배출을 원활하게 해서 더부룩한 속도 편안하게 해줘요. 굽고 찌고 무치는 채소요리에 질렸다면 가끔은 이런 특별식도 좋아요. 식물성기름에 볶아서 끓인 춘장이지만 맛만큼은 중국집의 짜장이 안 부러워요.

영양 식재료의 대명사, 버섯으로 한 주의 피로를 싹 날려요

버섯된장전골

READY 맛타리버섯 50g, 새송이버섯 1개, 표고버섯 1개, 양송이 2개, 팽이버섯 조금, 소고기 150g,(소고기양념 간장 1큰술, 청주 1작은술), 대파 1/2대, 홍고추 1/2개, 양파 1/2개, 쑥갓 조금, 멸치다시마물 3컵(600㎖) 된장양념 된장 1큰술, 고춧가루 1작은술, 다진 대파 1작은술, 다진 마늘 1작은술, 청주 1큰술, 참기름 1큰술 겨자장 연겨자 1/2작은술, 식초 1큰술, 간장 1작은술, 설탕 1/2작은술, 멸치다시마물 1큰술

1 맛타리버섯, 팽이버섯은 결대로 찢고, 표고버섯은 채 썰고 새송이버섯은 굵게 저며 썬다.

2 양파는 채 썰고 대파와 홍고추는 어슷 썬다.

3 소고기는 간장과 청주를 넣어 잘 섞은 후 10분간 재워둔다.

4 전골 냄비에 손질해둔 버섯, 양파, 소고기를 올리고, 고추와 파, 쑥갓을 올린다.

5 4에 된장양념을 넣고 멸치다시마물을 부어 끓여서 완성한다.

6 겨자장 재료를 모두 섞어 곁들인다.

TIP 기호에 따라 다양한 버섯을 사용해보세요.

SPECIAL NUTRITION TIP

버섯된장전골 열량이 적고 섬유소가 풍부한 버섯은 포만감을 주고 다이어트에 좋은 식품이에요. 감칠맛을 내는 성분이 들어 있어서 국물요리를 할 때 넣으면 맛을 내기 좋아요. 고기와 함께 섭취하면 콜레스테롤의 배출을 도와줘요.

바다의 왕자 새우와 함께 하는 맛있는 하루

콩나물새우찜

READY 중하 5마리, 비단조개 20개, 콩나물 200g, 미나리 100g, 마늘 2쪽, 편생강 2쪽, 청양고추 1개, 멸치다시마물 1컵(200ml), 청주 1큰술, 찹쌀물(찹쌀가루 1작은술, 물 1큰술), 소금 조금 **양념** 고추장 2큰술, 고춧가루 2작은술, 간장 2작은술, 청주 1큰술, 설탕 2작은술

1 새우는 깨끗이 씻어 내장을 빼고, 비단조개는 소금물에 해감한다.

2 콩나물은 꼬리를 떼어내고 미나리는 손질해서 4cm 길이로 썬다.

3 마늘은 편으로 썰고 청양고추는 어슷 썬다.

4 양념 재료를 모두 섞는다.

5 냄비에 멸치다시마물을 넣고 새우와 조개, 마늘, 생강, 청주 1큰술을 넣고 끓인다.

6 조개가 벌어지면 콩나물과 미나리, 청양고추를 넣고 섞어둔 양념을 올려서 뚜껑을 덮고 5분간 익힌다.

7 뚜껑을 열고 양념이 잘 배어들 수 있도록 골고루 섞고 찹쌀가루와 물을 섞은 찹쌀물을 넣어서 농도를 내 완성한다.

TIP 콩나물은 익기 전에 뚜껑을 열면 콩나물 특유의 비린 냄새가 날 수 있어요. 5분간은 뚜껑을 열지 말고 그대로 익혀주세요.

SPECIAL NUTRITION TIP

콩나물새우찜 콩은 단백질이 풍부하지만 비타민C는 들어 있지 않아요. 그러나 콩나물이 되면 비타민C가 생성되고 피로회복에 도움이 되는 아스파라긴산이 많아져요. 콩나물 두 줌 정도면 일반 성인에게 필요한 1일 비타민C의 양(700ml)을 충족할 수 있어서 감기 예방에도 도움이 돼요.

네번째 주,

흔한 반찬이라도 한 가지 재료를 더 첨가하거나 조금 더 시간과
정성을 들이면 그 맛이 특별해질 때가 있어요. 평소에 잘 먹지 않던
생선을 사용해 본다든지, 달걀말이에 스트링치즈를 넣고, 닭봉조림에
인삼을 넣어보세요. 감자전분을 직접 내고 감자채를 썰어 넣으면
시간은 조금 더 들어도 바삭하고 고소한 감자전을 만들 수 있어요.

22日

DHA가 풍부한 병어 요리로 원기회복하는 월요일

배추된장국
병어무조림

汁 배추된장국

READY 배추 잎 150g, 청양고추 1개, 대파 1/2대, 다진 마늘 1작은술, 멸치다시마물 2컵(400ml), 된장 1큰술,

1 배추 잎은 노란 속을 골라 큼직하게 자르고, 대파, 청양고추는 어슷 썬다.
2 냄비에 멸치다시마물을 넣고 끓으면 다진 마늘과 배추속을 넣고 끓이다 된장을 풀어 넣는다.
3 배추가 익으면 청양고추, 대파를 넣고 1분 더 끓여 완성한다.

TIP 배추 잎은 겉부분보다 속의 노란잎 부분이 더 아삭하고 단맛이 있어서 좋아요.

菜 병어무조림

READY 병어 1마리, 무 1/3개(150g), 대파 1/3대, 마늘 2쪽, 편생강 2쪽, 멸치다시마물 1컵(200ml), 조림장 간장 2.5큰술, 설탕 1큰술, 다진 마늘 1/2큰술, 청주 2큰술, 통깨 1작은술, 후추 조금

1 내장을 제거한 병어는 지느러미를 제거한 후 깨끗이 씻는다.
2 무는 2등분해서 반달모양으로 썰고 마늘은 편으로 썰고 대파는 어슷 썬다.
3 조림장 재료를 모두 넣고 잘 섞는다.
4 냄비에 2의 무를 깔고 그 위에 병어를 올린 뒤 3의 조림장과 마늘, 생강, 대파를 올린다.
5 4에 멸치다시마물을 붓고 뚜껑을 닫고 끓이다가 보글보글 끓으면 중불로 줄여서 양념을 병어 위에 끼얹으며 5분간 더 졸인다.

TIP 무를 생선 아래 깔면 냄비 바닥이 타는 것을 막고 무도 알맞게 잘 익어요.

/ 23日

얼큰하고 개운한 동태찌개와 담백한 감자전은 환상의 커플

동태찌개
감자전

汁 동태찌개

READY 동태 1마리(350g), 무 1/4개(150g), 홍고추 1개, 대파 1/3대, 다진 마늘 1작은술, 멸치다시마물 3컵(600ml), 고추장 1/2큰술, 고춧가루 1작은술, 국간장 2작은술

1 동태는 깨끗이 씻어 내장을 제거한 후 서너 토막으로 썬다.
2 무는 3×3cm 크기로 나박하게 썰고 홍고추와 대파는 어슷 썬다.
3 냄비에 멸치다시마물을 붓고 무를 넣고 끓인다.
4 보글보글 끓으면 동태를 넣고 고추장, 고춧가루, 국간장, 다진 마늘을 넣는다.
5 동태와 무가 익으면 대파와 고추를 넣고 1분간 더 끓여 완성한다.

TIP 동태는 완전히 녹여서 물기를 제거한 뒤 사용하세요. 너무 오래 끓이면 살이 부서지니 주의하세요.

菜 감자전

READY 감자 2개, 양파 1/2개 , 소금 1작은술, 올리브유 3큰술

1 감자는 깨끗이 씻어 껍질을 제거한 후 강판에 갈아 체에 받쳐둔다.
2 양파도 강판에 간다.
3 강판에 갈고 남은 감자는 곱게 채 썰고 체에 걸러져 내려온 감자물은 10분 동안 두었다가 윗물은 따라 버리고 하얀 전분만 남긴다.
4 갈은 감자, 갈은 양파, 채 썬 감자, 가라앉은 전분을 모두 볼에 담고 소금을 넣어 잘 섞는다
5 올리브유를 두른 팬에 4를 한 국자 올리고 노릇하게 앞뒤로 구워 완성한다.

TIP 감자물을 두었다가 가라앉은 하얀 전분을 사용하면 시판 전분가루를 사용하는 것보다 쫄깃하고 고소해서 맛있어요.

닭봉조림에 인삼 하나만 추가해도 특별한 요리가 돼요

두부된장찌개
인삼닭봉조림

두부된장찌개

汁

READY 두부 1/4모, 애호박 1/4개, 양파 1/4개, 대파 1/3대, 홍고추 1개, 멸치다시마물 2컵(400㎖), 된장 1.5큰술, 고추장 1작은술,
고춧가루 1작은술, 다진 마늘 1/2작은술

1 애호박은 반달썰기하고, 양파는 굵게 다지고, 두부는 깍둑 썰고, 대파, 고추는 어슷 썬다.

2 냄비에 멸치다시마물을 끓이다가 된장, 고추장을 풀고, 애호박, 양파를 넣고 끓인다.

3 애호박이 익으면 두부, 다진 마늘, 고춧가루를 넣고 끓이다 대파, 고추를 넣고 1분 더 끓여
완성한다.

TIP 두부는 처음부터 넣으면 으깨지기 쉬우니 채소를 한 번 익힌 후에 넣어서 한소끔만 끓여주세요.

인삼닭봉조림

READY 닭봉 8개, 수삼 1개, 양파 1/2개, 마늘 1쪽, 편생강 1쪽, 우유 1컵, 올리브유 1큰술, 멸치다시마물 1컵(400㎖) 조림장 간장 1.5
큰술, 청주 2큰술, 설탕 1큰술, 후추 조금, 검은깨 1작은술

1 양파는 채 썰고 마늘은 편으로 썰고, 수삼은 어슷 썬다.

2 닭봉은 우유에 30분 동안 재운 뒤 깨끗이 씻어 물기를 닦아낸다.

3 달군 팬에 올리브유를 두르고 마늘, 생강을 볶다가 닭봉을 넣고 앞뒤로 노릇하게 굽는다.

4 3에 멸치다시마물과 조림장, 수삼을 넣고 조린다.

TIP 닭봉을 노릇하게 굽고 조리면 닭껍질이 구워져서 더욱 고소한 조림이 돼요.

25日

평범한 재료로 만든 소박한 식사에 마음이 편안해져요

황태김치찌개
채소달걀말이

汁 황태김치찌개

READY 황태채 20g, 김치 1/4포기(300g), 대파 1/3대, 김치국물 1컵, 멸치다시마물 1.5컵(300ml), 참기름 1큰술, 고춧가루 1큰술, 소금, 후추 조금씩

1 황태채는 물을 뿌려서 불려 놓고 김치는 한 입 크기로 썰고 대파는 어슷 썬다.
2 냄비에 참기름을 두르고 김치를 넣고 볶다가 황태채, 김치국물을 넣고 볶는다.
3 2에 멸치다시마물을 넣고 고춧가루를 넣고 끓인다.
4 김치가 익고 황태가 부드러워지면 대파를 넣고 소금과 후추로 간하여 완성한다.

TIP 신김치를 사용할 때는 설탕을 1작은술 넣어서 신맛을 중화시켜주세요.

菜 채소달걀말이

READY 달걀 4개, 당근 1/4개, 양파 1/4개, 피망 1/2개, 스트링치즈 1개, 올리브유 2큰술, 소금, 후추 조금씩

1 당근, 양파, 피망은 잘게 다진다.
2 볼에 달걀을 깨 넣고 소금, 후추로 간해서 체에 한 번 내린다.
3 달걀물에 다진 채소를 넣고 섞는다.
4 달군 팬에 올리브유를 두르고 3을 넣고 중불에서 익힌다.
5 달걀이 반 정도 익었을 때 약불로 줄이고 스트링치즈를 올린 후 말아준다.
6 뒤집개나 나무주걱을 사용해서 돌돌 말은 다음 뜨거울 때 김발로 감싼 채 식혀 썰어서 완성한다.

TIP 달걀말이가 뜨거울 때 김발로 감싸서 모양을 잡은 뒤 그대로 식히면 동그라미, 네모 등의 모양을 낼 수 있어요.

지친 피부세포를 치료해주는 연어는 피부미인의 음식이에요

연어스테이크

食 **READY** 연어 1쪽(150g), 올리브유 2큰술, 파슬리 조금, 소금, 후추 조금씩, 가지, 애호박 조금씩, 샐러드(155쪽 리코타치즈샐러드 참고) **겨자소스** 꿀 1큰술, 마요네즈 2큰술, 씨겨자 1작은술, 다진양파 2큰술, 레몬즙 1작은술

1 연어에 소금, 후추, 파슬리, 올리브유 1큰술을 뿌려서 10분간 둔다.

2 가지, 애호박은 길이방향으로 0.5cm두께로 썬다.

3 볼에 겨자소스 재료를 모두 넣고 잘 섞는다.

4 달군 팬에 올리브유를 두르고 가지와 애호박을 올려서 소금, 후추를 뿌려서 굽는다.

5 달군 팬에 연어를 앞뒤로 노릇하게 굽는다.

6 구운 연어와 가지, 애호박에 겨자소스와 샐러드를 곁들인다.

TIP 가지와 호박 대신 아스파라거스, 파프리카 등의 다른 채소를 곁들여도 좋아요.

SPECIAL NUTRITION TIP

연어스테이크 연어에는 불포화지방산인 오메가3가 풍부해서 심혈관 질환을 예방하는 데 도움이 돼요. 비타민도 풍부한데 어류로는 드물게 비타민D가 들어 있어서 칼슘의 흡수를 도와주기 때문에 골다공증 예방에 효과가 있어요.

섬유질이 가늘고 연해 소화가 잘 되는 닭고기로 일품요리를 만들어요

찜닭

READY 토막낸 닭 1/2마리, 감자 1개, 당근 1/4개, 양파 1/2개, 대파 1/3대, 홍고추 1개, 마른 고추 2개, 당면 25g, 멸치다시마물 3컵(600㎖), 우유 1/2컵, 포도씨유 1큰술 양념 간장 3.5큰술, 설탕 1큰술, 청주 2큰술, 참기름 1큰술, 통깨 1작은술, 후추 조금

1 당면은 미지근한 물에 30분간 불리고, 닭은 우유에 담가 30분간 두었다가 깨끗이 씻어 물기를 제거한다.

2 감자, 당근은 한 입 크기로 잘라 모서리를 다듬고, 양파는 채 썰고, 대파, 고추는 어슷 썬다.

3 양념 재료를 모두 볼에 넣고 섞는다.

4 달군 팬에 포도씨유를 두르고, 닭을 살짝 볶은 뒤 양념의 1/2과 멸치다시마물 1컵을 넣고 끓인다.

5 닭이 익으면 양파, 당근, 감자를 넣고 나머지 멸치다시마물과 양념을 모두 넣어 끓인다.

6 채소가 익으면 불린 당면, 대파, 고추를 넣고 끓여 완성한다.

TIP 당면을 미지근한 물에 불렸다가 사용하면 익히는 시간을 줄일 수 있어요.

SPECIAL NUTRITION TIP

찜닭 윤기가 흐르고 짭조름하게 조려진 찜닭은 밥도둑이에요. 간을 세게 하면 밥을 많이 먹을지 모르니 적당히 하는 게 좋아요. 음식점의 찜닭은 카라멜소스가 들어가서 색이 더욱 진하고 달지만 집에서 만드는 찜닭은 그렇게 진한 색이 나지 않으니 색이 날 때까지 조리는 일이 없도록 주의하세요.

버섯의 변신은 무죄. 새콤달콤 소스와 함께 즐겨요

버섯탕수

READY 새송이버섯 1개, 표고버섯 2개, 양송이 2개, 맛타리버섯 1개, 튀김가루 2큰술, 양파 1/4개, 노랑, 빨강 파프리카 1/2개씩, 피망1/2개, 식용유 적당량 **튀김옷** 튀김가루 1/2컵, 달걀 1개, 물 4큰술, 얼음 조금 **소스** 물 3큰술, 식초 1.5큰술, 설탕 1.5큰술, 진간장 1.5작은술, 녹말물 1.5큰술(녹말가루 1큰술, 물 1큰술)

1 새송이버섯, 양파, 파프리카는 한 입 크기로 썰고 표고버섯은 기둥을 뗀다.

2 봉지에 튀김가루와 새송이버섯, 표고버섯, 양송이를 넣고 흔들어 가루를 입힌다.

3 냄비에 물, 식초, 설탕, 진간장을 넣고 끓이다가 양파와 파프리카를 넣고, 양파가 익으면 녹말물을 넣어 걸쭉하게 농도를 낸다.

4 튀김옷 재료를 모두 섞고 2에 튀김옷을 입혀 달궈진 기름에서 튀겨낸다.

5 튀긴 버섯에 3의 소스를 곁들인다.

TIP 튀김옷을 만들 때 얼음을 몇 개 넣어 반죽을 차갑게 하면 더욱 바삭한 튀김을 만들 수 있어요.

SPECIAL NUTRITION TIP

버섯탕수 가끔 튀김음식을 먹고 싶을 때가 있어요. 그럴 때 새우튀김, 닭튀김 대신 버섯을 튀겨서 탕수소스를 곁들여보세요. 육류나 해물보다 칼로리는 낮지만 버섯의 쫄깃한 식감이 살아 있어서 아주 맛있어요. 기호에 따라 여러 가지 버섯을 사용하면 다양한 맛을 즐길 수 있어요.

다섯번째주,

오늘은 어떤 반찬을 만들까 고민이 될 때는 시장이나 마트에 무작정
나가서 가장 눈에 많이 띄고 싸게 파는 식재료를 골라서 사오곤
해요. 제철의 신선한 재료를 사용하면 재료 자체의 맛과 영양이
좋아서 간단한 조리법으로도 훌륭한 한 끼를 만들 수 있거든요.

29日

쫄깃하고 매콤한 쭈꾸미는 입맛도 살리고 기력도 보충해줘요

호박된장찌개
쭈꾸미볶음

汁 호박된장찌개

READY 애호박 1/2개, 양파 1/2개, 대파 1/3대, 청양고추 1개, 멸치다시마물 2컵(400㎖), 된장 1.5큰술, 고춧가루 1작은술, 다진 마늘 1/2작은술

1 호박과 양파는 한 입 크기로 깍둑 썰고 청양고추와 대파는 어슷 썬다.
2 냄비에 멸치다시마물을 넣고 끓인다.
3 물이 끓으면 호박과 양파, 된장, 고춧가루, 다진 마늘을 넣고 끓인다.
4 호박이 익으면 대파와 청양고추를 넣고 1분 더 끓여 완성한다.

TIP 너무 맵다고 생각되면 청양고추 대신 청고추를 사용하세요.

菜 쭈꾸미볶음

READY 쭈꾸미 6마리, 양파 1/2개, 올리브유 1큰술 양념장 다진 마늘 2작은술, 간장 1큰술, 설탕 1큰술, 참기름 1큰술, 고추장 2큰술, 고춧가루 2작은술, 통깨 1작은술

1 쭈꾸미는 내장을 손질한 후 소금물에 바락바락 깨끗이 씻고 양파는 채 썬다.
2 볼에 양념장 재료를 모두 넣고 섞는다.
3 팬에 올리브유를 두르고 쭈꾸미와 양파를 넣고 볶는다.
4 양파가 투명하게 익으면 섞어둔 양념장을 넣고 볶아 완성한다.

TIP 쭈꾸미는 머리부분 안쪽에 내장이 있으니 그 부분을 뒤집어서 내장을 빼내고 깨끗이 씻어주세요.

30日

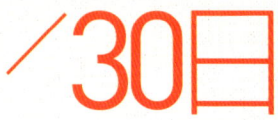

삼치는 영양이 풍부한 등푸른생선이에요

콩나물김치국
삼치구이

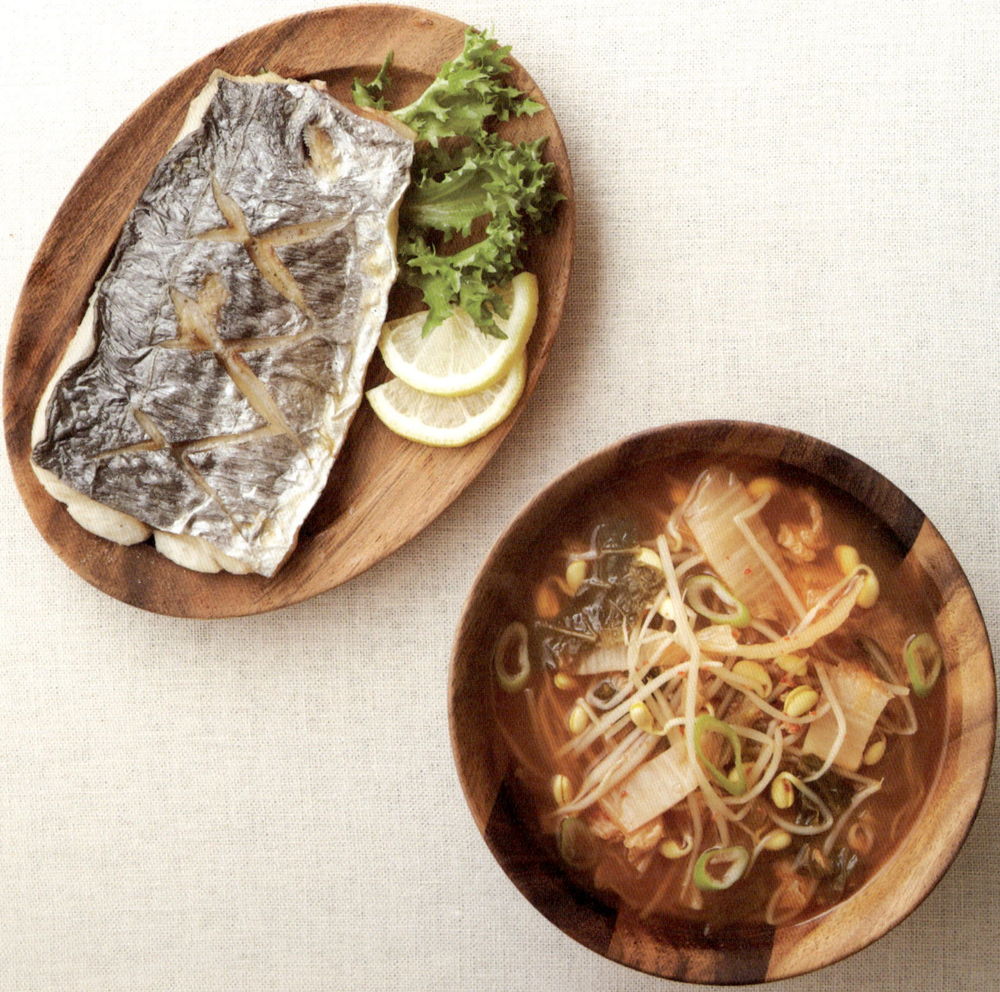

콩나물김치국

READY 콩나물 100g, 김치 100g, 다진 마늘 1작은술, 멸치다시마물 3컵(600ml), 대파 조금, 소금 조금

1 콩나물은 깨끗이 씻어 다듬고, 김치는 한 입 크기로 썬다.
2 냄비에 멸치다시마물을 넣고 김치를 넣어 끓인다..
3 2에 콩나물과 다진 마늘을 넣고 소금으로 간하여 완성한다.
TIP 콩나물은 뚜껑을 닫지 않고 처음부터 끝까지 삶거나 뚜껑을 닫은 채로 완전히 익히거나 둘 중 한 가지 방법을 선택하세요. 그렇
지 않으면 콩나물 특유의 비린 향이 날 수 있어요.

삼치구이

READY 삼치 1/2마리, 소금 1작은술, 청주 1큰술, 올리브유 1큰술, 레몬 조금

1 삼치는 흐르는 물에 깨끗이 씻어 껍질 쪽에 X자로 칼집을 내고 소금과 청주를 뿌린다.
2 달군 팬에 올리브유를 두르고, 삼치를 올려 앞뒤로 노릇하게 굽는다.
3 레몬을 곁들인다.
TIP 생선을 구울 때 팬 위에 쿠킹호일을 덮고 호일에 포크로 구멍을 내주면 기름이 튀지 않고 생선 비린내를 날리면서 잘 구울 수 있
어요.

/31日

고기를 수육으로 요리하면 기름기가 빠져 담백해요

시래기된장국
된장수육

汁 시래기된장국

READY 시래기 100g, 홍고추 1개, 표고버섯 1개, 멸치다시마물 2.5컵(500ml), 된장 2큰술, 고춧가루 1작은술, 다진 마늘 1작은술,
소금 조금

1 시래기는 물에 불려 한 입 크기로 썰고 대파와 홍고추는 어슷 썰고 표고버섯은 얇게 썬다.
2 1의 시래기에 된장, 고춧가루 다진 마늘을 넣고 무친다.
3 냄비에 2를 넣고 멸치다시마물을 부어 끓인다.
4 시래기가 부드럽게 익으면 표고버섯과 홍고추, 대파를 넣고 1분 더 끓여 완성한다.
TIP 시래기는 삶은 것을 사서 사용하면 조리시간도 줄어들고 간편해요.

菜 된장수육

READY 삼겹살 150g, 물 3컵, 된장 1큰술, 마늘 3쪽, 대파 1/2대, 통후추 5알

1 삼겹살은 키친타올로 핏물을 제거한 후 칼집을 낸다.
2 달군 냄비에 삼겹살을 넣고 겉부분을 센불로 익힌다.
3 삼겹살의 겉부분이 노릇하게 익으면 물, 된장, 마늘, 대파, 통후추를 넣고 30분간 끓인다.
4 고기가 다 익으면 꺼내서 1cm두께로 썰어 완성한다.
TIP 된장을 넣고 삶으면 새우젓이나 쌈장을 따로 곁들이지 않아도 맛이 좋아요. 파채를 가늘게 썰어서 찬물에 10분간 담갔다가 건져
서 함께 곁들여보세요.

32日

두부날치알찜으로 영양은 챙기고 부담감 없이 깔끔한 식사를 해요

꽁치김치찌개
두부날치알찜

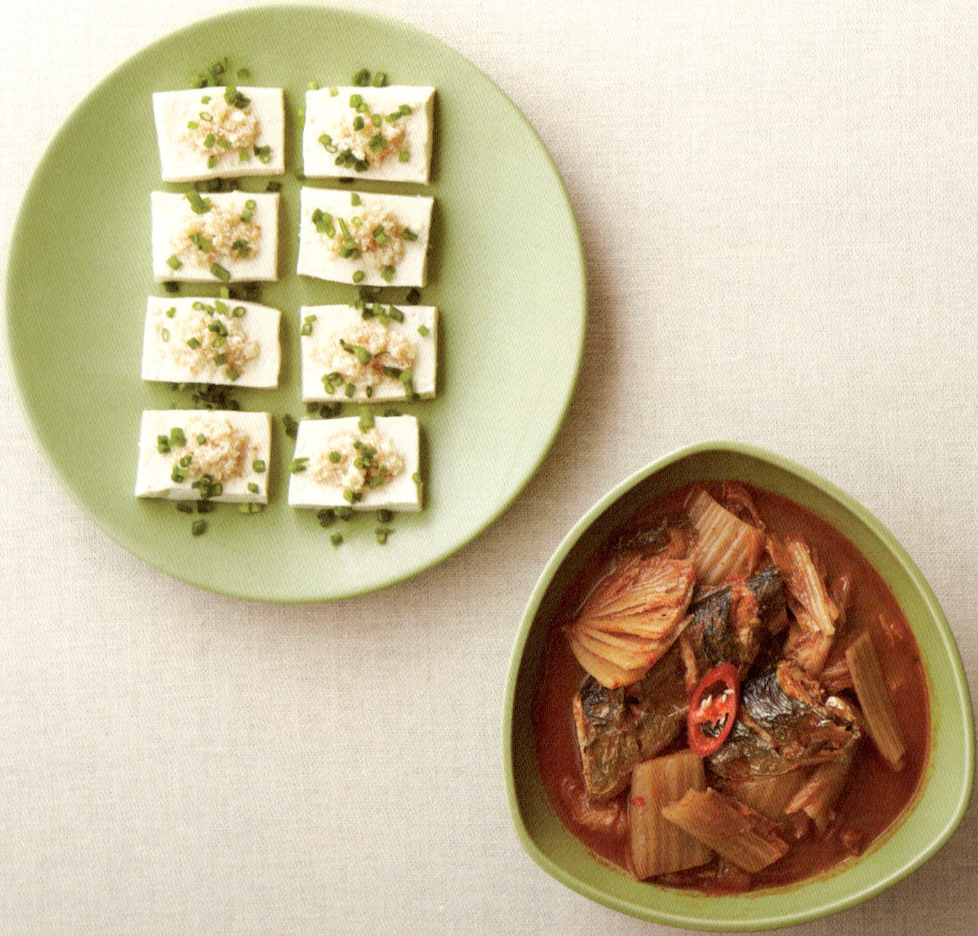

꽁치김치찌개

READY 꽁치 1마리, 묵은지 150g, 양파 1/2개, 대파 1/4대, 멸치다시마물 3컵(600ml), 참기름 1큰술, 청주 1큰술, 편생강 2쪽, 홍고추 1개, 고춧가루 1작은술

1 깨끗하게 손질된 꽁치는 토막 내고, 김치는 한 입 크기로 썬다.
2 양파는 채 썰고, 대파와 홍고추는 어슷 썬다.
3 달군 냄비에 참기름을 두르고, 김치를 볶다가 꽁치와 청주, 생강, 멸치다시마물을 넣고 끓인다.
4 꽁치가 익으면, 양파, 대파, 홍고추를 넣고 중~약불로 줄여서 고춧가루를 넣고 5분 더 끓여 완성한다.

TIP 김치에 따라 간이 셀 수도 모자랄 수도 있으니 소금으로 간을 조절하세요.

두부날치알찜

READY 두부 1/2모, 날치알 3큰술, 청주 2작은술 **양념장** 간장 1큰술, 설탕 1작은술, 고춧가루 1/2작은술, 참기름 1작은술, 다진 쪽파 1큰술, 통깨 조금

1 두부를 한 입 크기로 썬다.
2 날치알에 청주를 넣고 잘 섞는다.
3 두부 위에 날치알을 올리고 김이 오른 찜기에 10분간 찐다.
4 양념장 재료를 모두 섞어서 곁들여 먹는다.

TIP 두부의 가운데 부분을 조금 파내고 날치알을 올리면 더 좋아요.

휴일은 특별하게, 현미로 만드는 리조또에 도전해봐요

굴현미리조또

READY 굴 8개, 현미 1/2컵, 양파 1/4개, 마늘 1쪽, 우유 200㎖, 굴 데치기 용 물 3컵, 버터 1큰술, 소금 조금

1 현미는 1시간 이상 물에 불리고 양파와 마늘은 굵게 다진다.

2 굴은 소금물에 깨끗이 씻어서 끓는 물에 데치고 데친 물과 굴은 따로 둔다.

3 팬에 버터를 두르고 마늘과 양파를 넣고 볶다가 양파가 투명해지면 현미를 넣고 볶는다.

4 굴 데친 물을 넣고 중불에서 끓이다가 밥알이 익으면 우유를 넣고 약불에서 졸인다.

5 우유가 거의 다 졸아들면 데친 굴을 넣고 소금으로 간하여 1분간 더 끓여 완성한다.

TIP 굴을 소금물에 씻으면 굴의 향이 더욱 살아나요.

SPECIAL NUTRITION TIP

굴현미리조또 굴은 수산물 중에서도 영양가가 가장 완전한 식품에 가까워서 '바다의 우유'라고도 불러요. 열량은 낮지만 단백질과 글리코겐의 함유량이 높고 무기질과 비타민도 풍부해서 많이 먹으면 피부가 좋아지고 빈혈과 간 기능 개선에도 도움이 돼요.

닭 한 마리로 우려낸 진한 국물이 최고예요

삼계탕

READY 영계 1마리, 수삼 1개, 대추 3개, 마늘 3쪽, 찹쌀 1/2컵, 물 6컵, 소금, 후추 조금씩

1 찹쌀은 1시간 이상 불린다.

2 영계는 깨끗이 씻어 기름을 제거하고 불린 찹쌀과 마늘을 넣고 이쑤시개로 고정한다.

3 냄비에 준비한 영계와 물, 수삼, 대추를 넣고 끓인다.

4 물이 끓으면 중불로 줄여서 기름을 걷어내며 30분간 더 끓이고 소금, 후추로 간하여 완성한다.

TIP 닭 꽁지 부분의 기름기를 꼭 제거해주세요.

SPECIAL NUTRITION TIP

삼계탕 장기의 기능을 튼튼하게 해주는 대추와 해독작용을 하는 마늘, 사포닌이 다량 함유된 인삼을 함께 끓인 삼계탕은 대표적인 보양식이에요. 닭의 기름기와 껍질을 가위로 잘라내고 끓는 물에 한 번 데쳐서 사용하면 더욱 담백하고 뽀얀 국물을 만들 수 있어요.

35日 주말특별식

낙지의 부드럽고 담백한 맛이 일품이에요

바지락연포탕

食 **READY** 낙지 1마리, 바지락 1봉지(12개), 무 1/4개, 홍고추 1개, 청양고추 1개, 팽이버섯 조금, 대파 1단, 다진 마늘 1작은술, 멸치다시마물 3컵(600㎖), 국간장 1큰술, 소금 조금

1 무는 한 입 크기로 나박하게 썰고 홍고추, 청양고추, 대파는 어슷 썬다. 팽이버섯은 뿌리를 제거한다.
2 바지락은 소금물에 해감하고 낙지는 내장을 제거하고 소금과 밀가루를 넣어 바락바락 씻는다.
3 냄비에 멸치다시마물을 넣고 1의 무와 대파를 넣고 끓인다..
4 물이 끓으면 낙지와 바지락, 고추를 넣고 끓인다.
5 바지락 입이 벌어지면 국간장과 소금으로 간하고 팽이버섯을 넣고 1분 더 끓여 완성한다.

TIP 낙지의 머리부분 안쪽에 있는 내장을 깨끗이 제거해주세요. 빨판에 남아 있을지 모르는 이물질을 제거하기 위해 소금과 밀가루를 넣고 바락바락 주물러서 거품을 낸 다음 여러 번 헹궈주세요.

SPECIAL NUTRITION TIP

바지락연포탕 낙지는 지방질과 당질은 적고 단백질은 풍부한 식재료예요. 스트레스가 쌓이면 몸속에 있는 단백질이 더 많이 소모되는데, 그러면 몸에 힘이 빠지고 피로감도 더해져요. 이럴 때 뜨끈한 연포탕으로 몸보신하면 어떨까요? 바지락을 함께 넣어서 더 감칠맛이 나고 시원한 국물을 만들어보세요.

여섯번째 주,

불필요한 칼로리는 섭취하지 않고 단백질은 충분히 보충하기 위해
순두부, 생선, 콩비지, 해산물 등 다양한 식재료를 사용해요.
불고기요리를 할 때 버섯을 듬뿍 넣으면 버섯향이 그윽하고
식감도 좋은데다 칼로리도 낮출 수 있어서 좋아요.

36日

바다의 우유, 굴은 비타민과 미네랄이 풍부해요

순두부굴탕
가지무침

汁 순두부굴탕

READY 순두부 150g, 굴 5개, 무 60g, 청양고추 1개, 멸치다시마물 2컵(400㎖), 다진 마늘 1작은술, 국간장 1작은술, 소금 조금

1 굴은 소금물에 씻은 뒤 체에 받쳐둔다.
2 무는 한 입 크기로 나박하게 썰고 청양고추는 어슷 썬다.
3 냄비에 멸치다시마물을 붓고 무를 넣고 끓인다.
4 물이 끓고 무가 익으면 다진 마늘, 순두부, 굴을 넣고 끓인다.
5 굴이 익으면 국간장과 소금으로 간하고 청양고추를 넣어 1분간 더 끓여 완성한다.

TIP 국간장으로만 간을 하면 국의 색이 어두워지니 국간장 1작은술을 넣고 나머지 간은 소금으로 하세요.

菜 가지무침

READY 가지 1개, 양파 1/2개, 올리브유 1큰술 양념 간장 1큰술, 고춧가루 1작은술, 설탕 1작은술, 통깨 1작은술, 참기름 1작은술,
　　　미림 1작은술

1 가지는 2등분하여 한 입 크기로 얇게 썰고 양파는 얇게 채 썬다.
2 볼에 양념 재료를 모두 넣고 섞는다.
3 팬에 올리브유를 두른 후 가지와 양파를 넣고 볶는다.
4 어느 정도 볶아지면 준비한 양념을 넣고 볶아 완성한다.

TIP 가지를 소금물에 데쳐내서 같은 양념으로 무치면 더욱 담백한 가지무침을 만들 수 있어요.

37日

바쁜 일상에 지친 우리를 위로해주는 소박한 고등어 한 마리

아욱된장국
고갈비구이

아욱된장국

READY 아욱 100g, 된장 2큰술, 청고추 1개, 홍고추 1개, 멸치다시마물 2,5컵(500ml)

1 아욱은 깨끗이 씻어 한 입 크기로 썰고 청·홍고추는 어슷 썬다.
2 냄비에 멸치다시마물을 넣고 된장을 풀어 끓인다.
3 2에 아욱을 넣고 끓인다.
4 3에 1의 청·홍고추를 넣고 끓여 완성한다.

TIP 아욱의 줄기부분이 잘 익었는지 확인해보세요.

고갈비구이

READY 자반고등어 1마리, 통깨 1작은술, 포도씨유 1큰술, 밀가루 1큰술 **양념장** 고추장 1큰술, 고춧가루 1작은술, 간장 1작은술, 청주 1큰술, 설탕 1작은술, 다진 마늘 1작은술, 참기름 1작은술, 후추 조금

1 고등어는 깨끗이 씻어 물기를 제거한 후 앞뒤로 밀가루를 묻힌다.
2 볼에 양념장 재료를 모두 넣고 잘 섞는다.
3 팬에 포도씨유를 두르고 1을 넣어 앞뒤로 구운 뒤 섞어둔 양념장 재료를 발라 한 번 더 노릇하게 굽는다.
4 통깨를 올려 완성한다.

TIP 자반고등어를 사용하면 밑간을 따로 하지 않아도 돼서 편리해요.

제철에 즐기면 더욱 맛 좋은 꽃게로 알찬 식사를 해요

꽃게된장국
버섯불고기

꽃게된장국

READY 꽃게 1마리, 무 1/4개, 대파 1/3단, 청고추 1개, 홍고추 1개, 멸치다시마물 3컵(600㎖), 된장 1.5큰술, 다진 마늘 1작은술, 청주 1작은술

1 꽃게는 깨끗이 씻어 다듬고 등딱지를 분리한 후 다리를 4등분한다.
2 무는 얇게 나박 썰고, 고추는 어슷 썬다.
3 냄비에 멸치다시마물을 넣고 무와 된장을 넣어 끓인다.
4 물이 끓으면 손질한 꽃게와 청주, 다진 마늘, 대파, 청·홍고추를 넣고 5분 더 끓여 완성한다.
TIP 꽃게의 다리 끝부분을 가위로 조금씩 잘라주면 꽃게의 맛이 국물에 더 잘 배어들어서 맛있어요.

버섯불고기

READY 불고기용 소고기안심 150g, 표고버섯 1개, 양송이버섯 1개, 새송이버섯 1/2개, 양파 1/4개, 대파 1/4대 양념 간장 2.5큰술, 설탕 2작은술, 갈은 무 1큰술, 다진 마늘 2작은술, 참기름 1큰술, 청주 2큰술, 후추 조금, 통깨 1작은술

1 양파와 대파는 채 썰고 표고버섯은 기둥을 떼고 새송이버섯, 양송이 버섯과 함께 모양을 살려 얇게 썬다.
2 양념 재료를 볼에 담고 잘 섞는다.
3 소고기의 핏물을 키친타월로 닦아내고 준비한 채소와 버섯을 모두 넣고 양념을 함께 섞어 버무려 30분간 재워둔다.
4 재워둔 것을 팬에 올려 구워 완성한다.
TIP 무를 갈아서 양념장에 넣으면 고기가 부드러워져요.

가자미의 담백하고 고소한 맛이 비지찌개와 잘 어울려요

명란젓콩비지찌개
가자미구이

명란젓콩비지찌개

READY 명란젓 2개, 양파 1/3개, 콩비지 300g, 쪽파 조금, 멸치다시마물 1컵(200㎖), 다진 마늘 1/2큰술, 고춧가루 2작은술, 소금 1/4작은술, 참기름 1큰술.

1 명란젓은 잘게 썰고 양파는 굵게 다진다.
2 냄비에 멸치다시마물과 콩비지를 넣고 끓인다.
3 끓으면 명란젓과 양파, 고춧가루와 다진 마늘을 넣고 끓인다.
4 재료가 다 익으면 소금과 참기름을 넣고 간해서 완성한다.

TIP 명란젓이 짜기 때문에 작게 잘라서 넣어야 간이 고르게 될 수 있어요.

가자미구이

READY 가자미 1마리, 튀김가루 1컵, 물 1컵, 소금, 후추 조금씩, 올리브유 4큰술, 파슬리가루 조금

1 가자미는 비늘과 지느러미를 제거한 후 깨끗이 씻어 소금, 후추를 뿌려 10분 동안 재워둔다.
2 볼에 튀김가루와 물을 넣고 잘 섞어 튀김옷을 만든다.
3 준비한 가자미에 튀김옷을 앞뒤로 잘 묻힌다.
4 팬에 올리브유를 두르고 3을 넣어 노릇하게 튀기듯이 굽고 파슬리가루를 솔솔 뿌린다.

TIP 가자미의 비늘과 지느러미를 깨끗이 정리해서 통째로 튀기듯이 구우면 꼬리까지 바삭하게 익어서 먹기 좋아요.

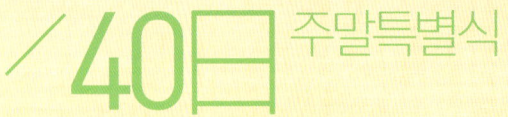

40日 주말특별식

요리초보도 편안하게 자신 있게 할 수 있는 요리

새우김치볶음밥

READY 칵테일새우 8개, 김치 1/2컵, 밥 1공기, 올리브유 1큰술, 소금, 후추 조금씩

1 김치는 굵게 다진다.

2 팬에 올리브유를 두른 후 김치와 칵테일새우를 넣고 볶는다.

3 밥을 넣고 소금, 후추로 간하여 볶아 완성한다.

TIP 볶음밥에는 신김치보다는 잘 익은 김치를 사용하는 것이 좋아요. 칵테일새우는 익히지 않은 것으로 사용하세요. 한 번 익힌 것
은 새우향이 덜하고 볶으면 질겨져요.

SPECIAL NUTRITION TIP

새우김치볶음밥 김치볶음밥은 언제든 간단히 만들어 먹을
수 있고 한국 사람이라면 누구나 맛있게 먹을 수 있는 메
뉴잖아요. 새우나 참치통조림, 닭가슴살 등을 넣어서 부족
한 단백질을 보충한다면 영양적으로도 균형 있는 한 끼 식
사가 될 수 있어요.

지방이 적어 담백한 닭가슴살과 다이어트에 좋은 가지의 완벽 조화

닭가슴살가지그라탕

READY 닭가슴살 1개(100g), 가지 1개, 토마토 1/2개, 양파 1/4개, 올리브유 2큰술, 파르마산치즈 3큰술, 빵가루 3큰술, 오레가노 1작은술, 모짜렐라치즈 1/2컵, 소금, 후추 조금씩

1 닭가슴살은 저며서 2등분하고 소금, 후추를 뿌려둔다.

2 가지는 길이 방향으로 얇게 저미고 토마토와 양파는 굵게 다진다.

3 볼에 빵가루와 파르마산치즈를 넣어 섞은 후 준비해둔 닭가슴살에 골고루 묻혀 올리브유를 두른 팬에 노릇하게 굽는다.

4 팬에 토마토와 양파를 넣고 소금, 후추, 오레가노로 간해서 볶는다.

5 구운 닭가슴살 위에 모짜렐라치즈를 올리고 얇게 저민 가지로 닭가슴살을 감싼다.

6 그라탕기에 4를 깔고 5를 올려 180도로 예열한 오븐에 15분 동안 굽는다.

TIP 가지는 슬라이서를 사용해서 얇게 저며주세요. 빵가루와 파르마산치즈 섞은 것을 가지로 감싼 닭가슴살 위에 솔솔 뿌리면 더욱 좋아요.

SPECIAL NUTRITION TIP

닭가슴살가지그라탕 맛있는 닭가슴살 요리를 먹고 싶을 땐 가지로 닭가슴살을 감싸 그라탕을 만들어보세요. 구워지는 동안 수분을 가둬줘서 부드럽고 촉촉한 닭가슴살을 맛볼 수 있어요. 가지는 나트륨 배출을 촉진해서 혈압을 낮춰주고 올리브유와 함께 조리하면 비타민E의 흡수율을 높일 수 있어요. 호박을 얇게 썰어서 가지 대신 사용해도 좋아요

따뜻한 전복죽 한 그릇으로 몸도 힐링, 마음도 힐링

전복죽

READY 전복 1개, 참기름 1큰술, 쌀 1/2컵, 물 3컵, 간장 1작은술, 소금 조금

1 전복은 살과 내장을 분리한 후 얇게 저민다.

2 쌀은 1시간 이상 물에 불린 후 곱게 으깬다.

3 냄비에 참기름을 두르고 전복과 쌀을 넣고 볶는다.

4 3에 물을 넣고 끓이다가 쌀이 익으면 중~약불로 줄여서 저어가며 끓인다.

5 간장과 소금을 넣고 간하여 완성한다.

TIP 싱싱한 전복은 내장까지 다 넣어서 죽을 끓이면 더욱 진한 전복향을 낼 수 있어요.

SPECIAL NUTRITION TIP

전복죽 전복은 고단백, 저지방의 저칼로리 식품이에요. 전
복에는 감칠맛을 내는 성분이 많아서 전복 하나만 넣어도
맛있는 죽을 끓일 수 있어요. 전복에는 메티오닌과 시스테
인이 다량 함유되어 있어 간의 해독과 피로회복에 좋고 비
타민A도 풍부해서 기혈 보충 효과가 있어요.

일곱번째 주,

7주차면 이제 1일 1식에 적응이 거의 되었을 거예요. 자연스레 적은
식사량으로도 포만감을 느낄 수 있고 식사 때가 되면 기름진 고기
보다는 담백한 생선구이나 상큼한 나물무침이 생각나게 되죠.
나물무침이나 해파리냉채 같은 반찬은 만들기도 간단하고
넉넉히 먹어도 부담이 적어요. 식이섬유소를 충분히 섭취하면
포만감이 생기고 노폐물 배출이 원활해져서 속이 편안해지고
피부결도 고와지니 일석이조가 되겠죠?

부드럽고 연한 취나물의 독특한 향취가 미각을 자극해요

새우매운탕
취나물겉절이

새우매운탕

READY 중하 3마리, 무 60g, 쑥갓 40g, 청양고추 1개, 대파 1/3대, 멸치다시마물 2컵(400ml), 고추장 2/3큰술, 다진 마늘 1작은술, 국간장 1작은술, 고춧가루 1작은술

1 중하는 깨끗이 씻어 수염을 제거하고 무는 한 입 크기로 얇게 썬다.
2 청양고추와 대파는 어슷 썰고 쑥갓은 4cm 길이로 썬다.
3 멸치다시마물에 무, 고추장, 다진 마늘, 고춧가루를 넣고 끓인다.
4 끓으면 새우를 넣고 끓인다.
5 새우가 빨갛게 익으면 청양고추와 국간장을 넣고 1분 더 끓이고 쑥갓을 올려 완성한다.

TIP 쑥갓은 금세 색이 변하니까 마지막에 넣자마자 불을 꺼주세요.

취나물겉절이

READY 취나물 70g, 양파 1/4개, 고춧가루 1작은술, 참기름 1큰술, 통깨 1작은술 양념장 까나리액젓 1작은술, 설탕 1작은술, 다진 마늘 1/2작은술, 소금 조금

1 취나물은 깨끗이 다듬어서 5cm 길이로 썰고 양파는 가늘게 채 썬다.
2 볼에 양념장 재료를 모두 섞는다.
3 취나물과 양파에 고춧가루를 넣어 잘 섞은 다음 양념장을 모두 넣고 버무린다.
4 통깨와 참기름을 넣고 버무려서 완성한다.

TIP 양파의 매운 맛을 빼고 싶으면 찬물에 10분간 담갔다가 물기를 빼서 사용하세요.

/44日

청포묵은 많이 먹어도 몸이 가벼워지는 느낌이에요

명란젓달걀국
청포묵무침

汁 명란젓달걀국

READY 명란젓 1개, 달걀 2개, 멸치다시마물 2컵(400㎖), 대파 1/3대, 소금 조금

1 명란젓은 잘게 다지고 대파는 어슷 썬다.
2 달걀 2개를 볼에 풀어서 다진 명란젓을 섞는다.
3 냄비에 멸치다시마물을 끓이고 물이 끓으면 2의 달걀물+명란젓을 부어서 섞으며 익힌다.
4 달걀이 익으면 대파와 소금을 넣고 1분간 더 끓여 완성한다.

TIP 달걀을 1개 더 넣고 물은 1컵으로 줄여 모두 섞어 저으면서 끓이면 달걀찜을 만들 수 있어요.

菜 청포묵무침

READY 청포묵 100g, 미나리 40g, 당근 1/4개, 양파 1/3개, 올리브유 1큰술, 김가루 조금, 소금 조금 **양념** 간장 1.5큰술, 설탕 1
작은술, 다진 마늘 1/3작은술, 참기름 1큰술, 통깨 1작은술, 소금 조금

1 청포묵은 가늘게 썰어서 끓는 물에 소금을 넣고 데친다.
2 미나리는 깨끗이 손질해서 5cm 길이로 썰어 끓는 물에 소금을 넣고 데친다.
3 양파와 당근은 채 썰어서 팬에 올리브유를 두르고 볶은 후 소금으로 간한다.
4 준비한 청포묵, 미나리, 양파, 당근을 볼에 담고 김가루와 양념 재료를 모두 넣어 버무려 완
성한다.

TIP 달걀에 소금을 넣고 지단을 부쳐서 채 썰어 넣으면 더욱 좋아요.

45日

알싸한 맛이 매력인 해파리냉채는 피부 건강에 좋아요

소고기무국
샐러리해파리냉채

소고기무국

READY 소고기 채끝살 100g, 무 1/4개, 참기름 1작은술, 대파 조금, 소금 1/2작은술, 멸치다시마물 2.5컵(500㎖)

1 소고기는 핏물을 제거한 후 가늘게 썰고 무는 한 입 크기로 얇게 썰고 대파는 어슷 썬다.
2 팬에 참기름을 두른 후 소고기와 무를 볶는다.
3 고기가 익으면 멸치다시마물을 넣고 끓인다.
4 무가 익으면 대파와 소금을 넣고 간해서 완성한다.

TIP 소고기와 무를 한 번 볶아서 끓이면 더욱 진하고 구수한 맛을 낼 수 있어요.

샐러리해파리냉채

READY 염장 해파리 180g, 샐러리 80g, 칵테일새우 5개 겨자드레싱 연겨자 1/2작은술, 식초 1.5큰술, 설탕 1큰술, 간장 1작은술, 참기름 1작은술, 통깨 1/2작은술, 소금 조금

1 염장 해파리는 찬물에 30분간 두었다가 여러 번 헹구고 끓는 물에 살짝 데친다.
2 샐러리는 섬유질을 제거한 후 어슷 썬다.
3 끓는 물에 칵테일새우를 넣고 데친다.
4 볼에 겨자드레싱 재료를 모두 넣고 잘 섞은 다음 준비한 해파리, 샐러리, 새우를 모두 넣고 버무려 완성한다.

TIP 염장하지 않은 해파리는 소금물에 데쳐서 간장으로 밑간을 해서 사용하세요.

정말 간단하고 쉬운 생선구이는 매일 먹어도 질리지 않아요

고등어생강구이
청국장찌개

汁 청국장찌개

READY 생청국장 100g, 청양고추 1개, 표고버섯 1개, 두부 1/4모, 멸치다시다물 2컵(400㎖)

1 두부는 한 입 크기로 썰고 표고버섯은 채 썰고 청양고추는 어슷 썬다.
2 냄비에 멸치다시마물을 넣고 청국장을 풀어 끓인다.
3 끓으면 표고버섯과 두부, 청양고추를 넣고 5분 더 끓여 완성한다.
TIP 김치를 조금 다져 넣고 자작하게 끓여서 강된장처럼 비벼 먹어도 맛있어요.

菜 고등어생강구이

READY 고등어 1마리, 생강 1톨, 소금 1작은술, 올리브유 1큰술, 청주 1큰술

1 고등어는 깨끗이 씻은 후 빗살 모양으로 칼집을 넣고 소금을 뿌려 10분간 둔다.
2 생강은 얇게 저민다.
3 1의 칼집 안에 썰어둔 생강을 넣고 청주를 뿌린다.
4 팬에 올리브유를 두른 후 3을 넣어 앞뒤로 노릇하게 굽는다.
TIP 자반고등어를 사용하면 밑간 하는 과정을 생략할 수 있어요.

단호박, 해물, 떡이 모여 남녀노소 모두 좋아하는 최강 메뉴가 되었어요

단호박해물떡볶음

READY 미니 단호박 1통, 홍합 5개, 모시조개 5개, 오징어 1/3마리, 가래떡 1줄(300g), 양파 1/2개, 올리브유 1큰술, 청주 1큰술, 다진 마늘 1큰술 양념 고추장 2큰술, 청주 2큰술, 고춧가루 1작은술, 국간장 1작은술, 설탕 1큰술, 참기름 1작은술, 통깨 1작은술

1 단호박은 비닐에 넣어 전자레인지에 넣고 2분 동안 돌려 익히고 6등분해서 씨를 제거한다.

2 홍합과 모시조개는 소금물에 해감하고 가래떡은 5cm길이로 썰어 2등분하고 양파는 채 썰어 준비한다

3 양념 재료를 모두 섞어둔다.

4 팬에 올리브유를 두르고 다진 마늘과 양파를 볶다가 홍합과 모시조개, 오징어, 청주를 넣고 볶는다.

5 섞어둔 양념장과 가래떡을 넣고 볶는다.

6 떡이 익으면 단호박과 함께 접시에 담는다.

TIP 단호박은 전자레인지를 사용해서 간단하게 익힐 수 있어요. 달콤한 단호박은 매콤한 해물볶음과 찰떡궁합이에요.

SPECIAL NUTRITION TIP

단호박해물떡볶음 단호박은 달콤한 맛과는 다르게 다이어트에 효과가 있는 식품이에요. 식이섬유가 풍부해서 콜레스테롤과 노폐물을 배출하는 데 도움이 되고 비타민과 항산화 성분이 들어 있어 피부를 좋아지게 하는 효과가 있어요.

성인병 예방, 면역력 증진에 좋은 오리고기는 주말 보양식으로 제격이에요

애호박오리주물럭

READY 오리슬라이스 200g, 애호박 1/2개, 양파 1/2개, 우유 1컵(200㎖) **양념장** 고추장 1.5큰술, 간장 1.5큰술, 설탕 1큰술, 청주 2큰술, 고춧가루 1작은술, 다진 마늘 2작은술

1 애호박은 2등분하여 얇게 썰고 양파는 채 썬다.

2 오리고기는 우유에 담가 30분간 두었다가 깨끗이 씻어 물기를 제거한다.

3 볼에 양념장 재료를 모두 넣고 잘 섞는다.

4 오리고기에 양념을 넣고 버무려 냉장고에 30분 동안 재워둔다.

5 달군 팬에 양념한 오리고기와 준비한 애호박, 양파를 넣고 볶아 완성한다.

TIP 오리고기를 우유에 담가두면 육질이 부드러워지고 특유의 누린내가 없어져요.

SPECIAL NUTRITION TIP

애호박오리주물럭 오리고기에는 신체기능을 정상적으로 유지하는 데 반드시 필요한 필수아미노산이 풍부해요. 닭고기에 비해 비타민B군과 철분도 풍부해서 곡류가 주식인 우리 식생활에서 영양적으로 우수한 건강 보양식이에요.

머리부터 발끝까지, 오징어 한 마리로 알뜰하게 요리해요

속을 채운 통오징어

食

READY   오징어 1마리(몸통), 버터 1큰술, 후추 조금   속재료 오징어다리, 새송이버섯 1/2개, 피망 1/2개, 당근 1/3개, 찬밥 3큰술, 소금, 후추 조금씩

1 오징어다리, 새송이버섯, 피망, 당근을 곱게 다진다.

2 볼에 1을 넣고 찬밥과 소금, 후추를 넣어 잘 섞는다.

3 오징어 몸통 안에 2를 넣어 속을 채운 후 이쑤시개로 몸통 아랫부분을 고정한다.

4 팬에 버터를 두르고 속을 채운 오징어를 노릇하게 굽는다.

5 2cm두께로 썰어서 완성한다.

TIP 오징어의 몸통 안쪽 내장과 뼈를 깨끗이 제거하고 다리쪽의 눈과 입, 먹물통도 떼어내 주세요.

SPECIAL NUTRITION TIP

속을 채운 통오징어 오징어는 질 좋은 단백질과 콜레스테롤이 풍부한 반면 콜레스테롤을 분해해주는 타우린이 풍부해서 피로회복에 도움이 돼요. 오징어 100g에 들어 있는 단백질은 소고기의 3배나 되지만 열량은 95kcal로 낮은 편이니 한 마리를 통으로 먹어도 안심하세요.

마지막주,

자, 이제 얼마 남지 않았어요. 3일만 더 실천하면
'52일 하루 한 끼 프로젝트'가 완성돼요. 실천하는 동안 휴식과
여유를 느끼셨나요? 그렇다고 여기서 끝은 아니에요. 그동안 차근
차근 바뀌나간 식습관을 토대로 무리하지 않는 범위 내에서 1일1식
생활을 꾸준히 실천해보세요. 지금까지의 52일은 앞으로 더
건강하게 여유 있게 살아가기 위한 예행연습이니까요.

/ 50日

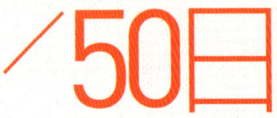

고사리는 식이섬유소가 풍부하여 노폐물 배출 효능이 있어요

닭가슴살버섯육개장
고사리된장무침

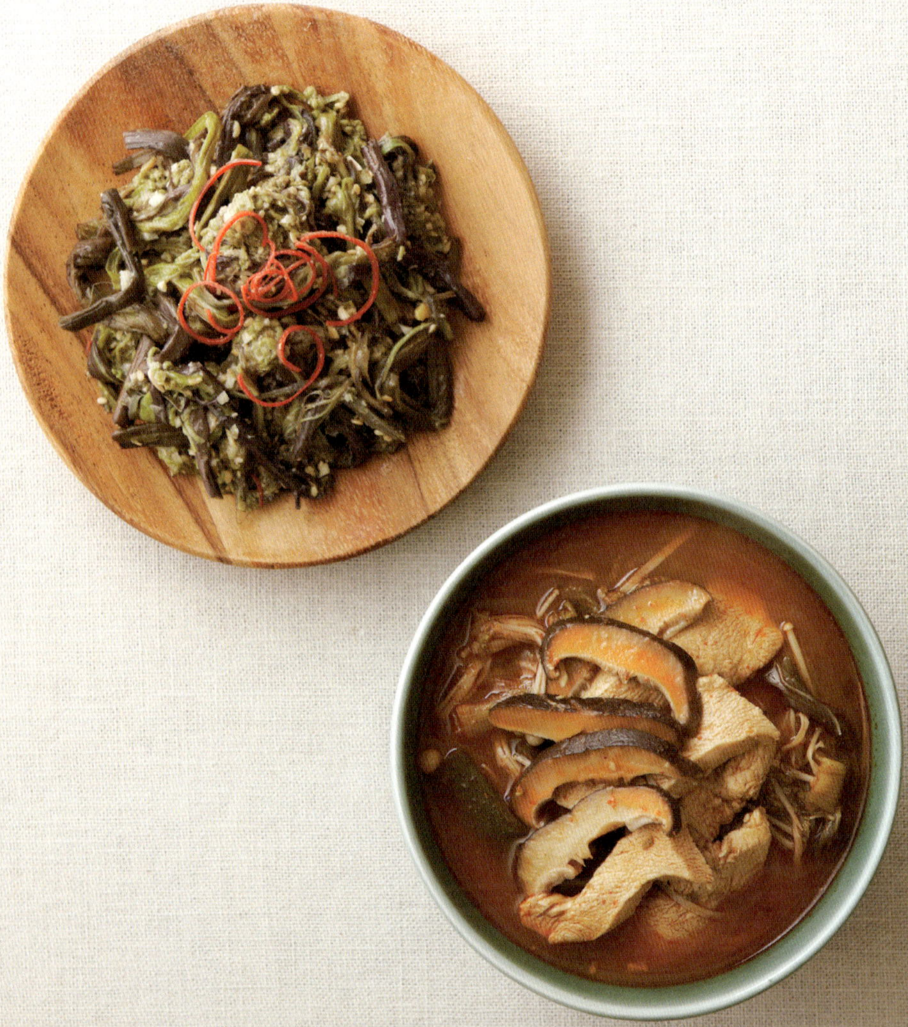

닭가슴살버섯육개장

READY 닭가슴살 1개, 표고버섯 2개, 팽이버섯 1봉, 삶은 고사리 80g, 대파 1대, 포도씨유 3큰술, 고춧가루 2작은술, 멸치다시
마물 3컵(600ml), 다진 마늘 1큰술, 국간장 1큰술, 소금 1/3작은술

1 닭가슴살은 한 입 크기로 썰고 표고버섯은 채 썰고 팽이버섯은 잘게 찢고 대파는 5cm 길이
로 썬다.
2 팬에 포도씨유를 넣고 고춧가루와 다진 마늘을 넣어 볶아 고추기름을 낸다.
3 2에 닭가슴살을 넣고 볶다가 버섯을 모두 넣고 볶는다.
4 3에 멸치다시마물을 넣고 국간장과 소금으로 간하여 끓인다.
TIP 고춧가루가 타지 않도록 약한 불에서 잘 섞으면서 볶아 고추기름을 만들어주세요.

고사리된장무침

READY 삶은 생고사리 100g, 홍고추 1개 양념 된장 1큰술, 참기름 1큰술, 다진 마늘 1작은술, 통깨 1/2작은술.

1 삶은 고사리는 깨끗이 씻어 물기를 빼고 홍고추는 얇게 채 썰어 찬물에 담가둔다,
2 볼에 양념 재료를 모두 넣고 섞는다.
3 준비한 고사리와 홍고추에 양념을 넣어 버무려 완성한다.
TIP 말린 고사리를 사용할 때는 물에 5시간 이상 불렸다가 끓는 물에 소금을 조금 넣고 데쳐서 사용하세요.

영양소가 골고루 함유된 조기와 만능 건강식품 두부로 꾸민 밥상

새우젓두부찌개
매콤조기찜

새우젓두부찌개

READY 두부 1/4모, 멸치다시마물 2컵(400㎖), 홍고추 1개, 청양고추 1개, 대파 1대, 새우젓 1큰술, 고춧가루 1작은술, 다진 마늘 1작은술, 참기름 1작은술, 후추, 소금 조금씩

1 두부는 한 입 크기로 썰고 청양고추와 대파, 홍고추는 어슷 썬다.
2 냄비에 멸치다시마물을 넣고 끓이다가 물이 끓으면 새우젓, 다진 마늘, 고춧가루, 두부를 넣고 5분간 끓인다.
3 청양고추, 홍고추, 대파를 넣고 1분간 더 끓인 뒤 참기름과 후추를 넣고 완성한다.

TIP 새우젓 건더기를 다져서 사용하면 좋아요.

매콤조기찜

READY 조기 작은 것 2마리, 양파 1/2개, 청양고추 1개, 멸치다시마물 1컵(200㎖) **양념** 고춧가루 1큰술, 청주 3큰술, 다진 마늘 1/2큰술, 다진 파 1큰술, 간장 1/2큰술,

1 조기는 깨끗이 씻어 비늘을 긁어내고 양파는 굵게 채 썰고 청양고추는 어슷 썬다.
2 볼에 양념 재료를 모두 넣고 섞는다.
3 냄비에 양파를 깔고 조기를 올린 뒤 섞어둔 양념과 청양고추를 올린다.
4 멸치다시마물을 붓고 센불에서 끓이다가 끓기 시작하면 중불로 줄여서 10분간 더 끓여 완성한다.

TIP 생선의 비린향이 날아갈 수 있도록 끓기 전에는 뚜껑을 열고 끓이다가 중불로 줄인 다음에는 뚜껑을 덮어 찌듯이 익히세요.

새콤한 미역초무침은 맛과 건강을 동시에 챙기는 효자 메뉴예요

돼지고기김치찌개
미역초무침

汁 돼지고기김치찌개

READY 김치 150g, 돼지 목살 100, 다진 마늘 1작은술, 참기름 1큰술, 멸치다시마물 2컵(400ml)

1 김치와 돼지 목살을 한 입 크기로 썬다.

2 냄비에 참기름을 넣고 다진 마늘과 목살, 김치를 넣고 볶는다.

3 2에 멸치다시마물을 넣는다.

4 중불에서 10분간 끓여 완성한다.

TIP 돼지 목살 대신 앞다리, 뒷다리살 등을 사용하면 더욱 담백한 맛을 낼 수 있어요.

茶 미역초무침

READY 마른 미역 10g, 양파 1/3개 양념 다진 마늘 1작은술, 식초 1.5큰술, 설탕 1큰술, 고춧가루 1작은술, 간장 1/2작은술, 소금 1/3작은술, 통깨 1작은술

1 미역은 찬물에 30분 이상 불리고 양파는 얇게 채 썰어 찬물에 10분간 담갔다가 물기를 제거한다.

2 볼에 양념 재료를 모두 넣고 잘 섞는다.

3 섞은 양념에 불린 미역과 준비한 양파를 넣고 버무려서 완성한다.

TIP 자른 미역은 바로 사용하고 크기가 크면 한 입 크기로 썰어주세요.

1日1食 간식

배가 고프거나 음식 생각이 날 때 부담 없이 먹을 수 있는 영양 간식을 만들어보세요.
정말 간단한 레시피로 나만의 간식을 만들 수 있어요. 작은 통에 넣어 다니면서
언제 어디서든 편하게 먹으면 1일1식을 실천하는 데 큰 도움이 된답니다.

단호박고구마찜

READY 단호박 1개, 고구마 3개.　**RECIPE 1** 단호박은 8등분해서 씨를 제거하고 고구마는 깨끗이 씻는다.　**2** 찜통에 1을 담고 25분 동안 찐다.　**TIP** 찜통이 없다면 전자레인지용 용기에 담아 전자레인지를 사용해 간단하게 찔 수 있어요.

채소스틱과 콩가루쌈장

READY 샐러리 1대, 오이 1개, 당근 1개, 파프리카 1개 **콩가루쌈장** 콩가루 2큰술, 된장 2큰술, 마요네즈 2큰술, 꿀 1큰술, 다진 마늘 1작은술, 참기름 1큰술, 통깨 1작은술 **RECIPE 1** 샐러리는 섬유질을 제거하고 파프리카는 꼭지와 씨를 제거하고 6cm 길이로 썬다. **2** 오이와 당근도 비슷한 크기로 썬다. **3** 볼에 콩가루쌈장 재료를 모두 넣고 잘 섞는다. **4** 채소스틱에 콩가루쌈장을 찍어 먹는다. **TIP** 채소스틱과 콩가루쌈장을 만들어서 밀폐용기에 담아 냉장고에 넣어두고 조금씩 꺼내서 먹으면 편해요.

허브견과류구이

READY 아몬드 1줌, 호두 1줌, 로즈마리잎 1작은술, 소금 조금 **RECIPE 1** 로즈마리는 곱게 다진다. **2** 팬에 아몬드와 호두를 넣고 타지 않게 볶는다. **3** 2에 다진 로즈마리와 소금을 넣어 볶아 완성한다. **TIP** 완전히 식혀서 밀폐용기나 지퍼백에 담아 가지고 다니면서 출출할 때 조금씩 먹어요.

당근고구마비트구이

READY 당근 1/2개, 고구마 1개, 비트 1/4개, 바질가루 1큰술, 올리브유 2큰술, 소금 1작은술 **RECIPE 1** 당근과 고구마는 한 입 크기로 썰고 비트도 같은 크기로 썰어 찬물에 헹군 후 물기를 제거한다. **2** 볼에 1을 담고 바질가루와 올리브유, 소금을 넣어 버무린다. **3** 오븐팬이나 그라탕기에 2를 모두 넣고 180도로 예열한 오븐에서 20분 동안 구워 완성한다. **TIP** 리코타치즈와 생바질잎을 함께 곁들이면 더욱 맛있어요.

멸치아몬드구이

READY 아몬드 130g, 멸치 30g, 올리브유 1작은술, 설탕 1/2작은술, 소금 조금 **RECIPE 1** 팬에 멸치를 넣고 볶다가 아몬드와 올리브유를 넣고 볶는다. **2** 1에 소금과 설탕을 넣어 볶아 완성한다. **TIP** 완전히 식혀서 밀폐용기에 담아 조금씩 먹어요.

블루베리찰떡(12개 분량)

READY 찹쌀가루 1컵, 우유 1/2컵, 소금 조금, 건블루베리 2큰술, 건라즈베리 1큰술, 호두 2큰술, 올리브유 2큰술 **RECIPE 1** 호두와 라즈베리를 굵게 다진다. **2** 볼에 찹쌀가루와 우유, 소금, 블루베리, 라즈베리, 호두를 넣고 섞는다. **3** 팬에 올리브유를 두르고 반죽을 한 스푼씩 올려 앞뒤로 노릇하게 굽는다. **TIP** 호두 대신 아몬드, 해바라기씨 등 다른 견과류를 사용하고 건블루베리, 건라즈베리 대신 건포도를 사용해도 좋아요.

콩가루쿠키(12개 분량)

READY 콩가루 120g, 박력분 80g, 설탕 60g, 포도씨유 5큰술, 꿀 3큰술, 두유 4큰술, 소금 조금 **RECIPE 1** 볼에 콩가루, 박력분을 넣고 체에 친 후 설탕, 소금을 넣고 섞는다. **2** 포도씨유를 넣고 두유와 꿀을 넣어 반죽한다. **3** 반죽을 냉장고에 넣어 30분간 휴지시킨 후 밀대를 이용해서 0.3cm 두께로 민다. **4** 네모 모양으로 썰어 포크로 모양을 내고 180도로 예열한 오븐에서 15분 동안 굽는다. **TIP** 검은깨를 1큰술 넣으면 더욱 고소한 맛이 나요.

구운콩

READY 콩 300g, 물 1.5리터 **RECIPE 1** 콩은 하루 이상 물에 불린 뒤, 체에 밭쳐 물기를 제거한다. **2** 유산지를 깐 오븐팬에 1
을 펼쳐 180도에서 30분 동안 굽는다. **TIP** 프라이팬에 불린콩을 올리고 아주 약한 불로 타지 않게 볶아도 좋아요.

통밀당근케이크(사각팬 20×20cm 1판 분량)

READY 당근 1개, 통밀가루 210g, 베이킹파우더 1.5작은술, 베이킹소다 1.5작은술, 시나몬가루 2큰술, 설탕 3큰술, 달걀 3개, 포도씨유 180ml, 소금 조금 **RECIPE 1** 당근은 한 입 크기로 썬다. **2** 볼에 박력분, 베이킹파우더, 베이킹소다, 시나몬가루를 넣고 체에 거른다. **3** 믹서기에 달걀과 포도씨유를 넣고 섞다가 2와 1의 당근을 넣고 간다. **4** 케이크팬에 3을 넣고 180도로 예열한 오븐에서 20분 동안 굽는다.

오트밀쿠키 (12개 분량)

READY 오트밀가루 140g, 통밀가루 60g, 설탕 35g, 소금 1/2작은술, 물 5큰술, 포도씨유 4큰술, 호두 1큰술, 건크랜베리 3큰술
RECIPE 1 호두와 크랜베리를 굵게 다진다. **2** 볼에 오트밀, 통밀, 설탕, 소금을 넣고 섞어 체에 친 후 물을 넣고 골고루 섞는다.
3 2에 포도씨유와 다진 호두, 크랜베리를 넣고 섞어 뭉친다. **4** 3을 동글납작하게 반죽하여 180도로 예열한 오븐에서 15분 동안
굽는다. **TIP** 단맛이 거의 없는 레시피예요. 달콤한 맛을 원할 때는 설탕을 적당히 더 넣어요.

검은깨미숫가루(1컵 분량)

READY 미숫가루 2큰술, 검은깨 1큰술, 두유 200ml, 꿀 1큰술 **RECIPE 1** 컵에 미숫가루와 두유 1/2컵을 넣고 가루가 없도록 잘 섞는다. **2** 나머지 두유와 검은깨, 꿀을 넣고 잘 섞는다. **TIP** 두유 대신 우유를 사용해도 좋아요.

블루베리요거트(1컵 분량)

READY 냉동 블루베리 120g, 플레인요거트 3개(250g) **RECIPE 1** 믹서기에 블루베리와 요거트를 넣고 간다. **TIP** 단맛이 아예 없는 요거트를 사용할 때는 꿀을 조금 넣어주세요.

우엉차

READY 우엉 60g, 물 1L **RECIPE: 1** 우엉 껍질을 칼등으로 긁어내고 깨끗이 씻어 얇게 어슷 썬다. **2** 얇게 썬 우엉을 전자레인지에 5분간 돌려 수분을 날린다. **3** 말린 우엉을 마른팬에 올려 타지 않도록 볶다가 물 1L를 부어 중불에서 끓인다. **TIP** 넉넉한 양을 만들어서 냉장고에 두었다가 따뜻하게 데워 먹으면 편하고 좋아요.

레몬절임차

READY 레몬 4개, 설탕 1컵, 꿀 1컵, 소다 조금 **RECIPE 1** 레몬을 소다를 푼 물에 15분 동안 담근 뒤, 깨끗하게 씻고 물기를 닦는다. **2** 레몬을 껍질 채 얇게 슬라이스 한 뒤, 깨끗하게 소독한 유리병에 레몬과 설탕, 꿀을 차례대로 번갈아 가며 넣는다. **3** 하루에 한번씩 병을 뒤집어 주며 일주일간 실온에서 숙성시킨다. **TIP** 레몬, 설탕, 꿀을 차례대로 채우고 맨 윗부분은 레몬에 산소가 닿지 않도록 설탕을 넉넉히 뿌려주세요.

레몬절임차 레몬절임 2큰술, 따뜻한 물 150ml
RECIPE 1 컵에 레몬절임 2큰술을 넣고 따뜻한 물을 붓는다.

리코타치즈만들기 (2컵 분량)

READY 우유 500㎖, 생크림 250㎖, 레몬즙 3큰술, 소금 1작은술 **RECIPE 1** 냄비에 우유와 생크림을 넣고 레몬즙과 소금을 넣어 저어준 후 20분간 끓인다. **2** 몽글몽글 하게 뭉치면 면보에 걸러 물기를 빼고 면보로 감싼 채 무거운 것을 올려 유청을 뺀다. **3** 무거운 것을 올린 채로 하루 동안 냉장고에 두어 완성한다.

리코타치즈샐러드

READY 리코타치즈 100g, 샐러드채소 200g **발사믹 드레싱** 발사믹 식초 1큰술, 올리브유 1큰술, 꿀 1작은술, 레몬즙 1작은술
RECIPE 1 리코타치즈와 샐러드채소는 먹기 좋은 크기로 뜯고, 토마토는 한 입 크기로 썬다. **2** 볼에 드레싱 재료를 모두 넣고 섞는다. **3** 그릇에 1을 담고 드레싱을 함께 곁들인다. **TIP** 다양한 채소를 사용해서 샐러드를 만들어 보세요.

리코타치즈토르티야

READY 토르티야 1장, 토마토소스 2큰술, 리코타치즈 150g, 방울토마토 6개, 바질잎 2장 RECIPE 1 방울토마토는 4등분하고 토르티야는 8등분하고, 리코타치즈는 한 입 크기로 떼어 둔다. 2 토르티야에 토마토소스를 바르고, 토마토와 리코타치즈를 올린다. 3 2에 바질잎을 뜯어 올린 뒤 올리브유를 뿌려, 180도로 예열된 오븐에서 10분 동안 굽는다. TIP 피자와 비슷한 맛이지만 훨씬 담백하게 즐길 수 있어요.

리코타치즈샌드위치

READY 리코타치즈 50g, 딸기잼 1큰술, 바나나 1개, 호두 1큰술, 호밀식빵 2장 **RECIPE 1** 바나나는 1cm 두께로 어슷 썰고 호두
는 굵게 다진다. **2** 식빵 한 면에 딸기잼을 바르고 바나나를 올린다. **3** 바나나 위에 리코타치즈와 다진 호두를 올린 후 식빵 한
개를 덮어 완성한다. **TIP** 샌드위치 속에 양상추, 토마토, 햄 등을 넣어서 응용해 보세요.

리코타치즈티라미수

READY 카스테라빵 1개, 슈가파우더, 코코아가루 조금씩 **커피시럽** 인스턴트 커피가루 2큰술, 물 50ml, 설탕 1큰술 **치즈필링** 리코타치즈 5큰술, 꿀 2큰술, 생크림 2큰술, 레몬즙 1작은술 **RECIPE 1** 뜨거운 물에 인스턴트 커피가루와 설탕을 넣어 잘 녹여 커피시럽을 만든다. **2** 리코타치즈에 꿀, 생크림, 레몬즙을 넣어 잘 섞는다. **3** 카스테라를 1cm 두께로 썰고 유리컵이나 유리볼의 크기에 맞도록 썬다. **4** 유리볼에 카스테라-커피시럽-치즈필링 순서대로 넣는다. **5** 슈가파우더, 코코아가루를 뿌리고 기호에 따라 과일을 곁들인다. **TIP** 인스턴트 커피 대신 에스프레소를 사용하면 더욱 풍부한 커피향의 티라미수를 만들 수 있어요.

신선한 과일

사과, 토마토, 바나나 등 신선한 과일을 준비해두세요.
바쁜 아침 식사를 대신해 먹기에도 좋고, 배고플 때 언제나 먹어도 부담이 없어요.

국립중앙도서관 출판시도서목록(CIP)

오늘부터 시작하는 1日1食 레시피 / 김은아 지음. ─ 고양 : 위즈덤하우스, 2012
   p. ;   cm

ISBN 978-89-98010-10-2 13590 : ₩13000

레시피[recipe]
한국 요리[韓國料理]

594.51-KDC5
641.59519-DDC21   CIP2012005417

일식 시리즈 02

오늘부터 시작하는 1日1食 레시피

초판 1쇄 발행 2012년 12월 7일   초판 3쇄 발행 2013년 3월 20일

지은이 김은아
펴낸이 연준혁

출판 1분사 분사장 최혜진
1부서 편집장 가정실 편집 최연진 디자인 고은이
사진 이승희 요리·스타일링 어시스트 은아스타일팀 김소현, 장주라
제작 이재승

펴낸곳 (주)위즈덤하우스 출판등록 2000년 5월 23일 제13-1071호
주소 (410-380) 경기도 고양시 일산동구 장항동 846번지 센트럴프라자 6층
전화 (031)936-4000 팩스 (031)903-3895
홈페이지 www.wisdomhouse.co.kr 전자우편 wisdom2@wisdomhouse.co.kr
종이 월드페이퍼 인쇄·제본 (주)현문 후가공 이지앤비

값 13,000원 ISBN 978-89-98010-10-2 13590